NHK BOOKS
1257

法隆寺を支えた木 [改版]

nishioka tsunekazu
西岡常一
kohara jiro
小原二郎

NHK出版

まえがき

日本人くらい木の好きな民族は少ない。そして木を使う技術にかけてもまた世界一流である。だがそれは、針葉樹の白木の肌を中心にして発達して来たところに特徴がある。世界で白木を好むのは北欧の人たちと日本人であるが、それぞれの伝統がちがうように、木の使い方においても本質的なちがいがある。そのことは日本人が木以外の材料で建築をつくらなかったという歴史をみても、理解できることである。

明治のはじめまでわたしたちは、ずっともめんと木の中で暮らして来た。だがその後の技術革新によって、木は次第に時代遅れの厄介な材料と考えられるようになった。木がもはやいらなくなるのではないかとさえ思われたのは、つい十年ほど前までの趨勢《すうせい》だったのである。同じ事情はもめんについてもいえることであった。しかし最近になって事情は変わって来た。木やもめんのよさを、もう一度見直そうという動きが出はじめた。わたしたちはいま鉄とコンクリートに囲まれ、ガラスとプラスチックを使いながら、なにかいらだちといったものを感じはじめている。そしてときとして、木のような素朴な材料に心を惹かれ、それと静かに語り合いたいと思うことがある。

ところで木の知識を得ようとするとき、方法は二つある。一つは専門家の書いた本を読むことであり、もう一つは木を実際に取り扱って来た人たちの話を聞くことである。前者は学者の人たちの書き物であるから、論理的に筋が通っていて話としてはよくわかる。だがなにか大事なものが欠けているように思うことがある。それがなにかと聞かれても答えにくいが、実際の物に結びついていないもどかしさとでもいったら当たっているかも知れない。

一方後者は、長年建築や彫刻あるいは木工品を手がけて来た木匠《もくしょう》たちの話である。その中には心を打つなにかがあり、木匠の哲学といったものさえ含まれているが、断片的でわかりにくいうらみがある。それを補う学問的な説明を聞くと、なるほどと改めてその観察の鋭さに敬服するが、表現が素朴なために真意をつかみにくい。そこで木匠たちの珠玉を秘めるそれらの言葉に、学問的な立場の解説を補足したら、興味深い読みものができるだろうと以前から考えていた。それがこの本をまとめようとした動機である。

この本は西岡常一氏の話に、わたしが解説を付け加えたものである。西岡氏についてはいまさら紹介するまでもないであろう。昭和の最後の宮大工といわれ、長年法隆寺の修復にたずさわってこられたのち、法輪寺三重塔、薬師寺金堂を再建し、いままた薬師寺西塔の復興の棟梁をつとめておられる方である。木を語って当代の第一人者であることに異論はないであろう。西岡氏とわたしとの触れ合いは、拙著『木の文化』に西岡氏が深い関心を寄せて下さったことから始まる。わたしは西岡氏にお目にかかってお話を聞くたびに、その言葉のはしばしの鋭い洞察に心から敬服した。なんとかしてこの貴重な知恵を後世に伝えたい。だがそのままでは分かりにくいところがあろう。及ばずながらわたしが西岡氏の言葉を補足したら、氏の深い知恵のなにほどかを後輩に伝え、また一般の方々にも、木に興味を持っていただくことができるかも知れない。そう考えてこの本をまとめたのである。

この本の構成はまず西岡氏が木について語ったのち、その中の主要な項目に、わたしが補足的に説明を加えるという形式をとった。西岡氏はいま薬師寺西塔の再建に専念されており、また金堂の復興後健康を害されたりしたため、相互の連絡に十分な時間を割きえなかったうらみはあるが、上記の趣旨に沿うようにできるだけ努力したつもりである。

なお本書の中の第七章は、尾崎謙氏に特別寄稿をしていただいた。尾崎氏は薬師寺金堂の用材を台湾から輸入する当時、住友林業に在職されており、西岡氏に協力された方である。この章は氏の豊富な体験を通して、使う側からみた木について語っていただいた。

また本書の内容の一部は、ＮＨＫ番組『薬師寺再建』『美の秘密――二つの弥勒菩薩像』で、西岡氏とわたしがそれぞれ別に出演して話したものであった。放送の時にお世話になった方々に感謝したい。終わりに付記したいのは鈴木勝氏の協力である。氏は西岡氏の原稿の整理を担当して下さった。心からそのご苦労に感謝したい。また田口汎氏は、たびたび挫折しがちなわたしを励まして、まとめの応援をして下さった。これらの方々のご好意によって、ようやく本書は日の目をみることができた。改めてお礼の言葉を述べたいと思う。

この本が木に興味を持たれる方々に幾分なりとも貢献することができれば、これに過ぎる幸はない。

昭和五十三年六月

小原二郎

＊本書は、ＮＨＫブックス３１８『法隆寺を支えた木』（西岡常一・小原二郎著）を底本とし、読みやすく版を改めて刊行するものです。本書には、最新の研究成果と必ずしも一致しない記述がありますが、著者が故人であることに鑑み、また原典を尊重する観点から、初版発行時のままといたしました。（編集部）

目次

校閲　髙橋由衣
DTP　㈲緑舎

第一章　飛鳥と木

一　法隆寺大工として

「一番の幸せ者」

飛鳥創建から昭和大修理まで、千三百年もの間、法隆寺の建物をつくり、支えて来た工匠《こうしょう》、工人《こうにん》は、数えきれないほど、仰山《ぎょうさん》おましたろうと思います。わたしは、その中で、どの時代のだれよりも「一番の幸せ者」やと、えがたい喜びにひたっております。

ご存じのとおり、法隆寺は、木造建築の「宝庫」といわれております。その建物は、世界最古で知られる飛鳥様式を頂点に、奈良、平安、鎌倉、南北朝、室町、桃山、江戸時代の粋が集まっており、国宝と重要文化財に四十八棟（上土門《あげつちもん》、大垣、築垣《ついがき》など五カ所を含む）も指定されてお

法隆寺昭和大修理の現場

ります。

これらの建物に対する昭和大修理は、昭和九年（一九三四）から二十年まで、二十年以上をかけて行なわれました。この昭和大修理に、最後に残った法隆寺大工棟梁としてわたしの父は総棟梁、わたしと従弟の藪内直蔵《やぶうちなおぞう》、それに弟楢二《ならじ》郎《ろう》（昭和五十三年〔一九七八〕二月七日死去）は棟梁として参加、おもな建物の解体修理にあたりました。

わたしが、どの時代のどんな工匠、工人のだれよりも「一番の幸せ者」やと思うとるのは、この大修理の場で、各時代の先人たちの心をこめた技の手形、仕事ぶりを、自分の目で見て、手に取り、それらを体得できたからです。

わたしは、法隆寺大工として生まれ、育って来ました。法隆寺大工でなくとも、大工というものは、現場が一番よい教室です。言葉や教科書だけでは、大工の腕前は上がりません。また、いい現場の体験なしには、一人前の大工になれないもんです。

むかしは、名人工匠の技を盗み取るため、その競争相手が身分をかくして弟子入りし、仕事の現場で、少しずつ望みをとげたというような話がありました。一人前の大工でもすぐれた腕前になるのには、これくらいの苦労は当り前のことであったろうと思います。

そういう、むかしの名人、工匠をいまに生きかえらせて、その妙技を学ぶことはできません。いまとなっては、そういう人たちが残してくれた古い建物を調べて、そこから学び取るしかありません。

だからたくさんの、年代もちがう古い建物にめぐり会えて、解体工事をやれたということは、このうえない喜びでした。幸せです。法隆寺千三百年の間で、わたしたちのように、各時代の建物を自分の目と手で確かめて、各建物の技法を体得できた工人は、おそらく、わたしたちが初めてでしょう。わたしが「一番の幸せ者」と思う気持はこのことからです。

最後の棟梁

しかし「一番の幸せ者」にも、いろいろと苦労があったし、いまもあります。

昭和大修理は太平洋戦争がひどくなった昭和十八年（一九四三）から開店休業の状態でした。

若い人や働ける者は、戦場か工場へ狩り出されてしまったからです。残っていたのは、女、子どもと老人だけで、わたしのような戦場帰りが、そこにいたのは奇跡に近いことでした。こんな中で、わたしたちは法隆寺の金堂と五重塔を解体した重要部材や、仏像をはじめ貴重な文化財を、分散疎開させる仕事を続けました。残った伽藍《がらん》に迷彩をほどこし、防空壕づくりもしました。ボロを着て、腹をへらし、フラフラしながら、いまから思えばみんなよくやったものです。

こういうわたしに、現役入隊を含めると五度目の召集令状が、陸軍から終戦の年の昭和二十年（一九四五）四月に来ました。終戦になり、わたしが朝鮮から復員したのはその年の十月でした。

わたしは復員服のまま、わが家の近くの法隆寺境内に、真っ先に飛び込みました。そのころのわたしにとって、法隆寺の堂塔伽藍は、わたしの全宇宙とおなじでした。わたしは、これから会う祖父と父もそこにいるように思えました。戦後の虚脱状態を追い出して、新しい活力が、わたしの心と体をしゃっきりさせてくれるようでした。翌十一月から、わたしも法隆寺昭和大修理に参加しました。

このころ、民間なら一日五十円の大工手間賃が、法隆寺で働くと、国の仕事なので公定賃金の五円五十銭でした。米一升二十五円のときです。五円五十銭では米二合しか買えず、とても生活はできませんでした。この賃金はその後、八円二十銭になりますが、このひどい賃金は昭和二十四年（一九四九）一月の金堂焼失後まで続きます。戦後の悪性インフレと食糧難と低賃金に苦しんだのは、わたしだけではありません。この当時法隆寺の昭和大修理に関係していた壁画模写の画家の人達も、学者も、建築技師も、いや日本中がみんなそうだったと思います。それにしても、わたしはこんなことを思い出します。

「お前の子どもを見てみい。目の玉飛び出るほどやせてるやないか」

と旧軍隊時代の戦友が、見るに見かねてか、ヤミ商品のゴムグツをまわしてくれました。法隆寺の仕事は土、日を休ませてもろうて、ゴムグツ行商をし、ようやっと生活を支えたものでした。

こういう生活の不安は、かたちを変えて、いまもわたしにつきまとうております。

宮大工は、町屋大工とちごうて、仕事がなけりゃ、三年でも五年でも遊んでななりません。国の仕事にありついても、お手当は安いので、生活は楽になりません。

むかしの宮大工は、職域が広いから仕事が多く、お手当もよかったので、生活は楽でした。むかしは社寺のほか、橋や貴族、大名のお屋敷まで宮大工が頼りにされました。いまは橋も大邸宅も、鉄筋コンクリートが当り前です。むかしの宮大工は、町屋仕事をしたら、神さま、仏さまの罰《ばち》が当たる。そんなのは「汚れた大工」だとかいって、いい気になってたものです。いまから考えると夢のような話です。

そんなこんなで、息子二人は、父親のあとを継いで宮大工になるのをいやがりました。わたしもそれが当然と思い、息子たちがサラリーマンになるのを引きとめませんでした。

しかし息子たちにまで見捨てられてみると、法隆寺大工の、棟梁のと、他人さまにではなく、自分自身に胸を張っていたわたしですが、そうして法隆寺大工の「一番の幸せ者」と思うていたわたしですが、なんとはなしに、最後の宮大工となってしまうのではという思いにかりたてられました。

そういうさびしさに落ち込んでいたころの昭和四十一年（一九六六）春でした。

「ボクもこの五重塔をつくれるような宮大工になりたい」

と栃木県の高校生が一人、法隆寺へ修学旅行に来たその足で、わたしの仕事場に飛び込んで来ました。

「このアホが、宮大工でメシが食えると思うとるのか」

とわたしはどなりつけてみました。

宮大工になるには、まず町屋大工の修業もいる。堂塔の古い構造と技法を知らなならん。それを知って材料をそろえる勉強もせなあかんと、むずかしいことを仰山ならべて追い返す算段をいろいろしてみました。わたしの使ったあの手この手の追い返し作戦に、ついに屈しなかったこの少年は、本当にえらいと思いました。わたしは、とうとう根負けしてしまい、この少年が高校を卒業した年の昭和四十二年暮に、わたしの内弟子第一号として入門を許しました。小川三夫《おがわみつお》君です。

それがどうでしょう。人間の執念とはおそろしいものです。一人前の宮大工になるのには、二十年かかるといわれているのに、その半分の十年間で、独り立ちできるまでに成長しました。小川君の異常なまでの努力精進があったことはいうまでもありません。

小川君がわたしの家に寝起きしながら修業していたころのことです。わたしがひと寝入りした真夜中、物音に気づいて、裏の納屋に行ってみると、小川君でした。わたしに「屁みたいな研ぎしおって」といわれたのが、くやしいと、寝る間もおしんで、研ぎにはげんでいたのです。おどろきました。小川君は研ぎ三年の大工修業の常識を飛び越え、わずか一年で、わたしと肩をならべるほどに、研ぎの腕前をあげました。

昭和四十四年（一九六九）から中断していた法輪寺三重塔の再建が四十八年から再開されたとき、小川君はそこの棟梁代理として、立派にわたしの代役をつとめてくれました。

昭和五十二年（一九七七）十月から始まった薬師寺西塔復元工事では、わたしにかわり小川君に棟梁をつとめてもらうつもりでした。しかし、小川君は、

「食えない宮大工を食えるようにするのが先決だ」

といって、復元工事に先立つ同年五月、わたしのところを離れて行きました。小川君は大和郡山《やまとこおりやま》市に二、三人の仲間と店をかまえました。お厨子《ずし》や春日机など古い様式の家具や仏具をつくるかたわら、全国の文化財建造物の修理をさしてもらうつもりのようです。

小川君らが大きく成長してくれたら、最後の宮大工になるのではと気づかったわたしの気持は、体が弱り老い先も短かいことなので、どんなに救われるか知れません。少なくとも、法隆寺大工としてのわたしから受け継いだものが、小川君らに残っているなら、それをぜひ後世に伝えてほしいと願っています。

法隆寺大工としてのわたしに「最後」を痛感させることが、もう一つあります。それはヒノキのことです。

日本の古い建物を支えるヒノキの大材、良材は、国内に求めてももう無理です。ないも同然なほど、伐《き》りつくされてしまいました。法隆寺や薬師寺の再建をまた行なうとなると、あと数百年、いや千年以上待たない限り、役立つヒノキは得られません。

最後のたのみにしていた台湾ヒノキも、底が見えて来たように聞いています。ヒノキでできた堂塔伽藍の道を極めようと、それのみに生き甲斐を見出したわたしのような宮大工は、ときの流れの中に消え去ってしまうのではないでしょうか。世界中のどこかに、ヒノキにかわる良材を見つけるか、古代建造物を保存するために、別な道を考える必要が迫っているように思います。

棟上の「殿上人」

ご承知のとおり、法隆寺は聖徳太子一族の私寺《しじ》でした。その後は、太子信仰に支えられ、皇室の寺、官の大寺の色合いが濃かったと聞いています。推古天皇と聖徳太子が用明天皇の遺志を受け継いでつくられた寺なのですから、これは当然のことだと思うとります。

法隆寺の本尊をまつる殿堂は金堂です。金堂内陣の正面には、聖徳太子のための釈迦三尊像、東の間には用明天皇のための薬師如来像、西の間には、皇后のための阿弥陀如来像が安置されてあります。

これらの仏像は尊い人たちそのもの、あるいはその身代わりのように考えられた時代が長く続いたように思います。ですから法隆寺の堂塔伽藍の多くは、宮中御殿での清涼殿、紫宸殿《ししん》か、あるいはそれ以上に見なされていたようです。

このため、法隆寺の堂塔伽藍を修理するにあたっては、その棟に上る棟梁は、宮中のしきたりに従い、四位・五位の「殿上人《てんじょうびと》」扱いにされて来たということです。その意味は「殿上人」でない「地下《じげ》」の者が、床の上どころか、尊い人たちの頭の上の棟に上ることなど、無礼も甚だしいということからのようでした。法隆寺大工の棟梁が、棟に上って修理にあたるときだけ「殿上人」になるこのしきたりは、いまもなお続いております。

法隆寺大工のはじまりは、仏法の伝来とともに定着したという話もありますが、くわしいことは存じません。法隆寺大工が記録の上にはっきりと姿を見せるのは、鎌倉時代になってからです。弘長（一二六一―六四）のころ、五重塔に雷が落ちました。このとき、法隆寺末寺の寺工四人が、機転をきかせて火を消し、五重塔の焼失を防いだということです。これより少し前の建長四年（一二五二）五月十八日にも落雷があり、このときは寺の急を知らせる鐘を聞き、近隣の年寄りから子どもまでが、かけつけ消火にあたったそうです。このときも大事にいたらずにすんだものの、三重目から心柱《しんばしら》にかけて燃え雷火の走った跡は基壇《きだん》に届くまで心柱を傷つけ、これらの跡はいまもなお残っています。

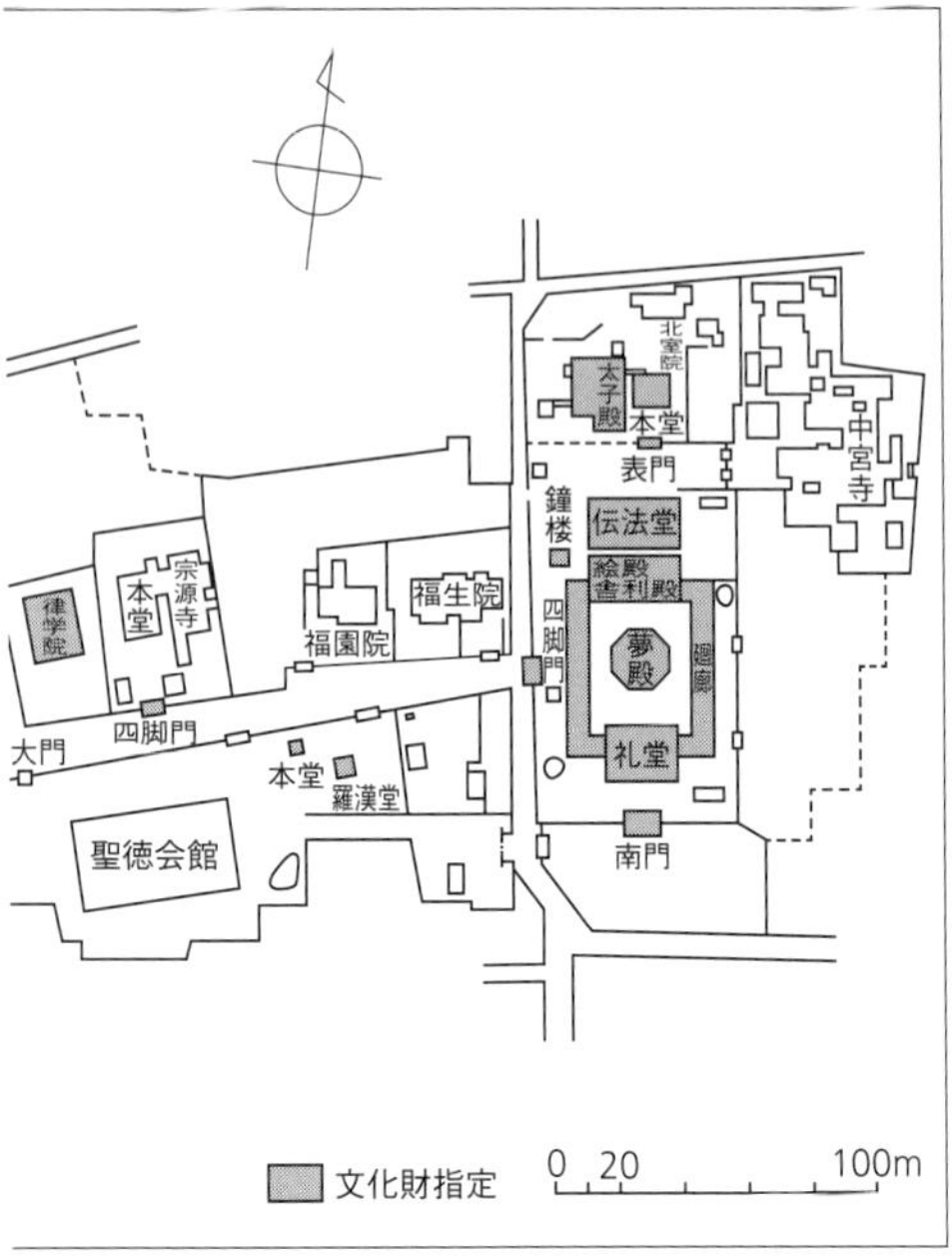

それはともかくとして、四人の寺工は、このときの手がらで法隆寺専属の大工に任命され、法隆寺四大工制度はここから始まるともいわれております。法隆寺大工棟梁の「殿上人」制が記録に出て来るのは室町時代だと聞いています。文明七年（一四七五）、法隆寺大工の棟梁たちが、夢殿の東側に、聖徳太子を建築の神と崇め、修南院を建立《こんりゅう》しました。この建立のとき、修南院の棟に上った棟梁たちには、「大夫」の号が与えられたとあります。「大夫」というのは、朝廷では五位の者、つまり「殿上人」を呼ぶ名称です。この名称が、造寺の功で与えられたものなのか、それとも、わたしたちへのいい伝えのように、昇殿を許されない「地下」人が、尊い人の頭の上に上ることの無礼を避けるために、便宜上「殿上人」の資格を「大夫」の名で与えられたものなのか、そのどちらであるかは、わたしには判断がつきかねることです。

　さて、五重塔雷火事件から生まれたといわれる法隆寺四大工制度は、

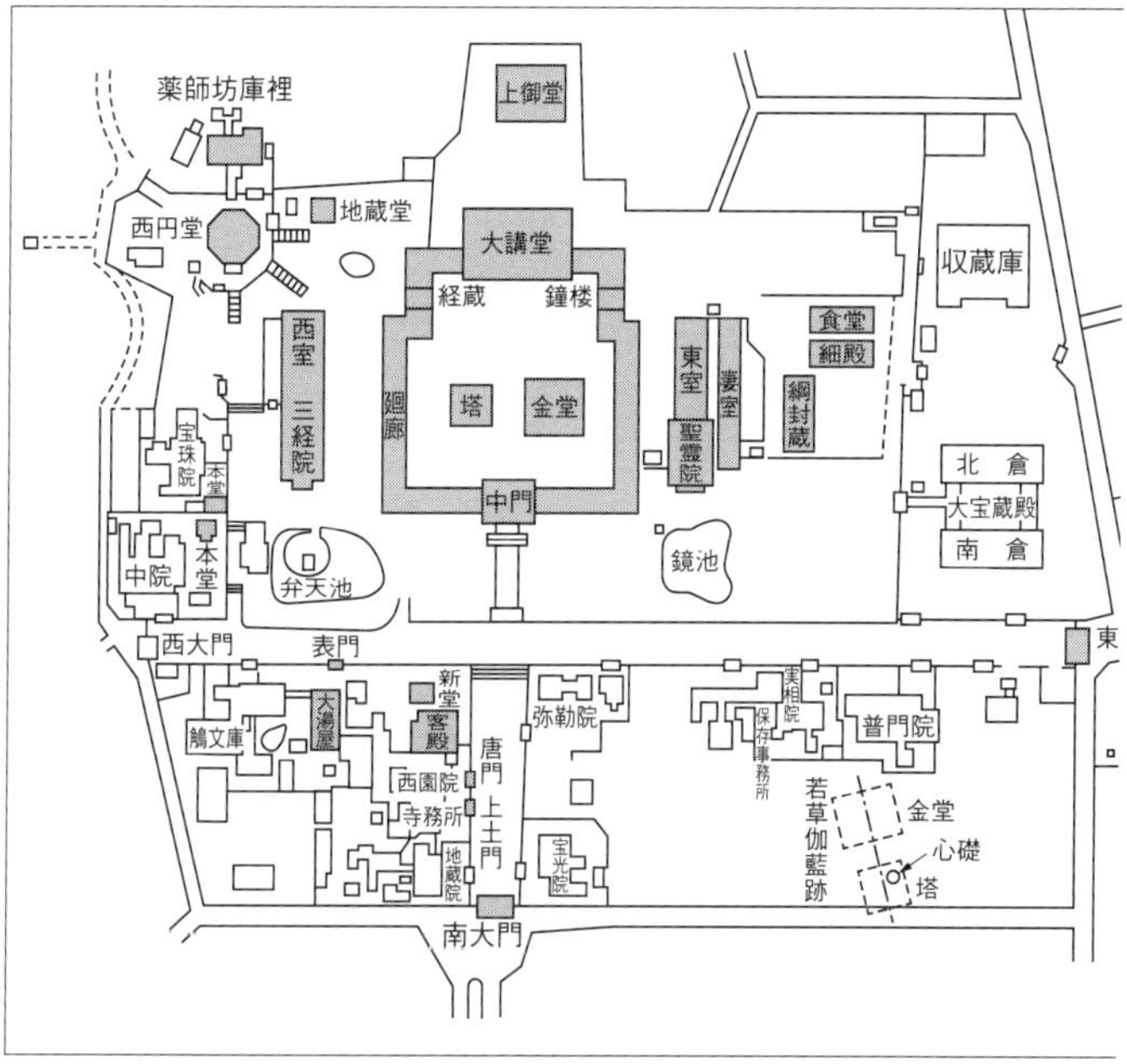

法隆寺伽藍配置図

組織が固まるにつれて、権威も高まっていきました。その組織運営は、たくさんの大工仲間から上位四人を選び出して行なったようです。その後、法隆寺四大工の一人、中井兵大夫正清《まさきよ》は、徳川家康に認められ、従四位下大和守に任ぜられました。このころから、法隆寺大工は徳川幕府の作事奉行の支配下におかれ、中井大和守は江戸と京都の二カ所に置かれた大工頭のうち、京都大工頭となり、畿内近江六カ国の大工の上に立ちました。この人が、江戸城天守閣造営のさいに、江戸大工頭と肩をならべて、技を競い合った話はよく知られております。

江戸時代の法隆寺大工は、中井家

とともに京都へ移り住む者が多かったようです。法隆寺だけの仕事よりは、幕府権力と禁裏、それに京都の社寺と結びついたほうが、仕事が多かったからだと思います。このため幕末に近い万延年間（一八六〇―六一）には、数十家もあった法隆寺大工で法隆寺にとどまったものは、わずか四家になってしまったようです。

西岡家の系譜

奈良県生駒《いこま》郡斑鳩《いかるが》町大字法隆寺字西里一―八五七、これは現在のわたしの住所です。西里は西郷とも書かれ、東里つまり東郷とともに法隆寺大工をはじめ瓦工、左官などの諸職人や法隆寺とかかわりの深い人たちが、古くから軒をつらねて、住んでいたところです。いまのわたしの住居は、京に上ったまま帰って来なくなった法隆寺の棟梁岡島家の跡地に建てたものです。

明治維新の神仏分離からおきた排仏毀釈《はいぶつきしゃく》運動の結果、これまでの大工制度も、うちこわされました。京に上り貴族化した法隆寺大工や棟梁たちは、技術から離れ、社寺建築の名儀貸しで暮らしていただけに没落ぶりは速く、ひどかったようです。排仏毀釈の嵐の中で生き残れたのは、大工の棟梁ではなく、その下で額に汗して実際に働いていた雇われ者の大工たちでした。こういう大工の多くは半農半工の生活に耐えながら、伝統の技術を守り通して来ました。

わたしの本家は古くから法隆寺の番匠《ばんしょう》（木工大工）のようでした。法隆寺四大工の一人であっ

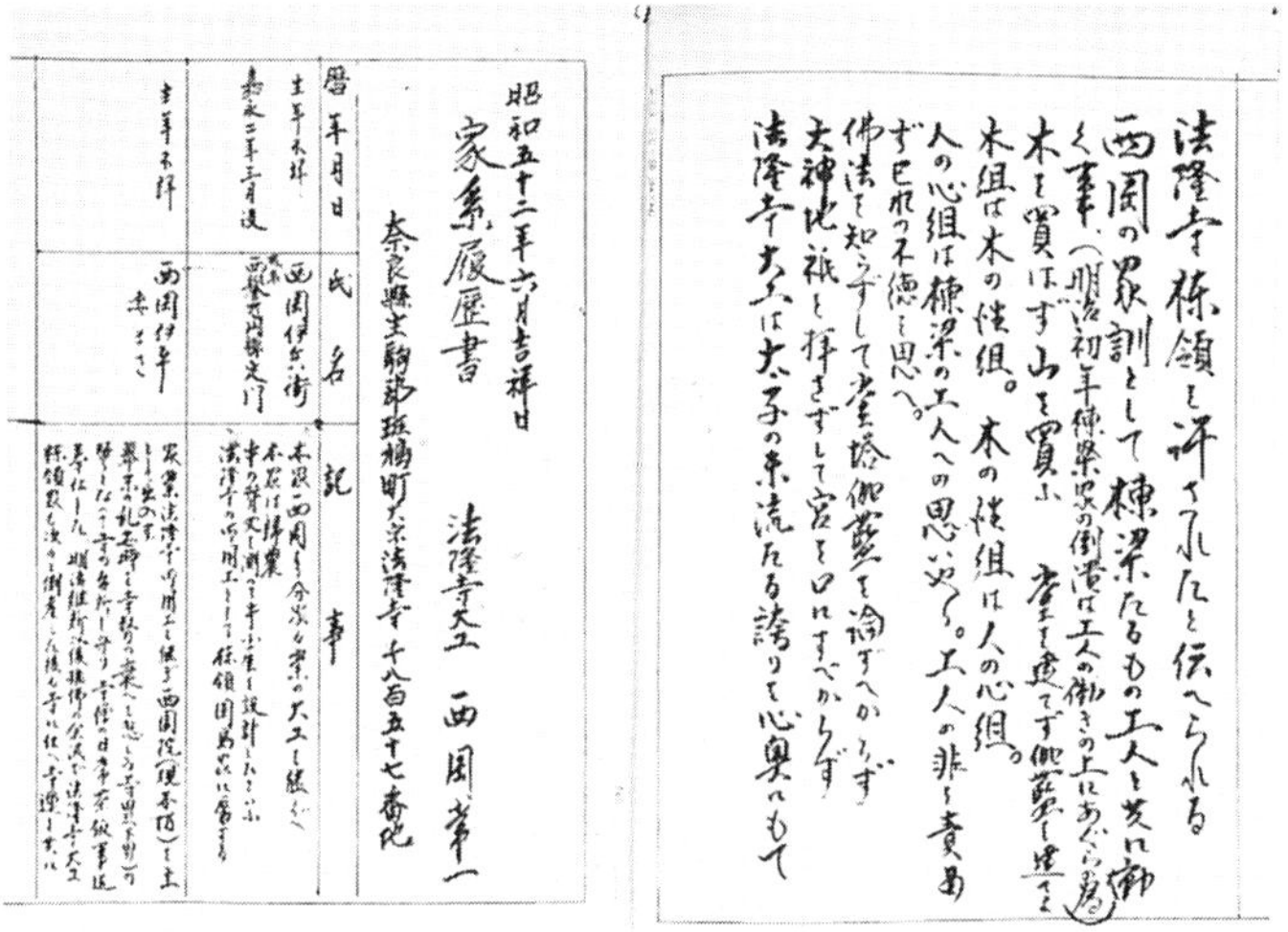
昭和五十二年六月吉祥日
家系履歴書
奈良県生駒郡斑鳩町大字法隆寺 千八百五十七番地
法隆寺大工 西岡常一

法隆寺棟領と評されたと伝へられる
西岡の家訓として
木を買はず山を買ふ　堂を建てず伽藍を建てよ
木組は木の性組。木の性組は人の心組。
佛法を知らずして堂塔伽藍を論ずべからず
大神祇を拝さずして宮を口にすべからず
法隆寺大工は太子の末流たる誇りを心奥にもて

西岡家家系履歴書

た多聞棟梁家に属していたそうです。その一番遠い先祖は、長谷川棟梁家が写した『愚子見記』などからすると慶長年間（一五九六―一六一五）までさかのぼれます。わたしの家はわたしで五代目です。本家の法隆寺番匠を、幕末のころ、わたしの先祖である伊兵衛が、本家から分家して受け継ぎ、本家はそのあと百姓になりました。わたしの本家は慶長のころから西里にあったのに、菩提寺は大和郡山市小泉の安養寺にあります。そのわけを、その寺の先代住職がわたしにこう話してくれました。

「あんたの先祖さま、つまり本家のことだが、大阪城築城のとき、秘密の場所を受け持ったために、すんでのことに首を切られる羽目になったんや。ところが、片桐且元《かたぎりかつもと》さんに助け出されて、且元さんの領地であった大和小泉にかくまってもろうたのやねん。ほとぼりのさめたところで、法隆寺に帰って来たちゅうこっちゃ」

わたしの家が法隆寺大工の棟梁になったのは、明治のはじめ、祖父常吉《つねきち》の代からです。排仏毀釈の嵐の中で、法隆寺大工やその棟梁が消え去って行ったとき、法隆寺ご用大工としてはわたしの家だけが残り、やがて法隆寺棟梁の金看板を背負うことになったのやと思います。

明治三十年（一八九七）に「古社寺保存法」が制定され、法隆寺の修理に国庫補助の道がひらけ、建物の解体修理が活発に行なわれるようになります。明治三十年には法起寺《ほっきじ》三重塔、同三十五―三十六年には法隆寺中門、法輪寺三重塔の解体修理が行なわれ、四十二年（一九〇九）から大正十二年（一九二三）にかけては、法隆寺の上御堂《かみのみどう》、南大門、西院廻廊、経蔵《きょうぞう》、鐘楼《しょうろう》の解体修理が行なわれました。これらの工事に、祖父常吉は実弟藪内菊蔵とともに、いずれも法隆寺棟梁として働いております。また後の時期の大修理には、父の楢光《ならみつ》は棟梁補として加わっております。この祖父常吉は、昭和大修理の始まる前年、昭和八年（一九三三）に八十一歳で他界しました。また、昭和大修理には総棟梁として働いた父の楢光は、昭和五十年（一九七五）に九十一歳で死去しました。

明治のはじめ排仏毀釈の嵐の中に呑み込まれかけたとき、法隆寺大工の伝統を細々と守り続けて来た祖父常吉ですが、法隆寺大工の命脈をよくぞ絶やさずにいてくれたと思います。法隆寺大工の伝統はわたしの家に関する限り、わたしの代で終わりです。わたしのあとを、だれがどういう形で受けとめてくれるのか、あるいは法隆寺大工の伝統が、これで消え失せることになるのか、関係各方面の方々も、大いに気づかっていて下さるようです。これについては、さきに述べたわたしのたった一人の内弟子、小川三夫君がなんとか命脈を保ってくれるようにと、念願しております。

四歳で現場に

わたしは父楢光の長男として、明治四十一年（一九〇八）に生まれました。わたしの誕生を、だれよりも喜んでくれたのは祖父の常吉です。祖父は自分の名前の一字の「常」をとり、初孫のわたしを「常一《つねかず》」と名づけてくれました。わたしは、祖父の名づけてくれた自分の名前を思うたびに、祖父のぬくもりを感じます。それと同時に、祖父のもう一つの心が、わたしに迫って来ます。

わたしが生まれたとき、祖父は五十五歳の働き盛りでした。祖父は江戸時代の筋金入りの職人社会と排仏毀釈の嵐の中を生き抜いて、法隆寺大工の棟梁の座についた人です。祖父が若かったころの職人社会では、弟子入りは八歳から十歳、十五歳になると「中年者」といってきらわれた時代でした。わたしの祖父は、わたしが生まれたその日から、

「おれの後継ぎはこの子だ」

「法隆寺大工の伝統技法を教え込むのはこの子だ」

ときめこんだようです。

わたしの父は祖父の養子で、二十三歳まで農家に育ち、生え抜きの大工ではありませんでした。職人は弟子入りするなら八歳、寺子屋などの読み書きは十歳までてたくさん、十歳をすぎて弟子入りなど、ものの役に立つわけがないと割り切っていた気風が、まだ残っていたころです。ですから祖父は、父の仕事は、なにかにつけて気に入らなかったようでした。その不満が積もっていて、初孫であるわたしへの期待は、どんどんふくらんで行ったようです。結果として、わたしにそれを満たすための、きびしい修業を求めました。

わたしは四歳で、法隆寺改修工事の現場へ、祖父につれて行かれました。いまのニューファミリーの人たちからすれば、自分の子を、仕事修業のためとはいえ、自分以外の、たとえおじいさんであっても、手放すなどということは、思いもおよばないことと思います。しかしこれは事実です。それにわたしの父は養子なので、義父であるわたしの祖父に遠慮して、いいたいことをいえないためもあったと思います。それはともかくとして、最初につれて行かれた現場がどこであったかは、いま思い出せませんが、それはさきにもふれたとおり、明治四十二年（一九〇九）に始まり大正十二年（一九二三）まで続いた法隆寺の上御堂などの、解体修理工事場のどこかであったろうと思います。

「いいか、坊主。じいさんのすることをよう見とれよ」

と祖父の言葉はあたたかく、やさしいが、その目はギラギラ光っていたように、幼いわたしには思われました。わたしの祖父は、わたしをなんとしても立派な法隆寺大工にしないではおかない気構えであることを、わたしもだんだん感じとるようになりました。こう感じとれたのは、ずっとあとの、農学校を終えるころです。それまでは、祖父の「よう見とれ」「そこに坐っとれ」がうるさくて、つらくてなりませんでした。一日に何度も泣きべそをかきました。なによりつらかったのは、小学校のころです。夏休みに友だちが、仕事場の空地で、マリ投げをして遊んでるわけです。お尻がむずむずするが、祖父がこわくて、仕事場を離れられませんでした。祖父のほんとうの気持がわかるわけもないころでしたので、

「おれ、なんで大工の家なんかに生まれたんかい」

とうらめしく思うだけでした。

それはともかく、わたしにとって法隆寺大工としての最大の師匠は祖父でした。そしてその修業の第一歩は現場で、仕事を耳や手から覚えるのではなく、まず、仕事を見る目から仕込まれました。

土を忘れるな

わたしが小学校を終えるにあたって、父は、

「大工になるのやから、工業学校へ入れたい」

というのに対し、祖父は、

「額に汗することを学ぶには農学校がええ」

とはげしい口調で、父の意見をしりぞけ、自説を通してしまいました。その農学校も、祖父は、

「五年制はあかん、三年制に入れ、五年も上の学校へ行くと、カバンを持った月給取りになりたがる。そんなことやったら、法隆寺の大工も棟梁もつとまらん」

といい、三年制の農学校に入れられました。そのときのわたしからすれば、父の意見のほうが、わかる気がしました。祖父のはげしい口調にのまれて、農学校に入りましたが、わたしは心の中で、

「おじいさんはへんなことを押しつける人やな。大工になるおれが、なんで肥え桶かついで、ナスやカボチャを育て、米つくりを習わなならんのか」

と、長いこと納得が行きませんでした。

あとで聞かされたことですが、祖父の本当の気持は、

「人間ちゅうもんは土から生まれて土に返る。木も土に育って土に返るのや。建物だって土の上に建てるのや。土をわすれたら、人も木も塔もあらへん。土のありがたさを知らなんでは、ほんとの人間にも、立派な大工にもなれはせん」

ということでした。このことを、かんで含めるように、いってくれました。

そのうちに、農学校の学科や実習になじみ、農学校に入ってよかったと思うようになりました。

土壌学を教えられて、祖父の気持がわかるような気がして来ました。林業では大工に関係のあるスギやヒノキを育てる実習に興味がわきました。農学校へ行っておいたおかげで、あとでずいぶん役に立ちました。祖父の言葉を、かみしめて味わえるようになったのは、自分の髪が薄くなりかけてからです。農学校の教育は、自分の体に血となり肉となっています。

法隆寺を支えて来た千三百年前のヒノキが、一本一本、それぞれの個性豊かに、いまなお生き続けている姿と、そのわけを、解体修理を通して、しっかり受けとめることができました。それもこれも、農学校で学んだことや、祖父のしつけと教えのおかげでした。

法隆寺の仕事ではなく、薬師寺金堂再建のためのヒノキを台湾まで見に行ったときです。このとき、根の張りぐあいで木のよしあしを見分けることができたのも、農学校を出ていたおかげです。その土地には樹齢二千年から二千五百年のヒノキが生えていました。そんな老木でありながら、中には若木のように枝、葉に勢いのよい木がありました。そういう木はきまって中が空洞です。年相応に、老いの風格がある木は、芯までしっかりしていました。年相応の形をしている木は、皮から芯まで充実しています。古木でありながら、若々しく青々と葉に勢いのある木は、きまって芯がからっぽなんです。空洞であれば、木の皮だけを養えばよいから、養分が見てくれの外観にあふれて、若木のように見えるのではないでしょうか。

体で覚えろ

農学校を卒業したとき、ああおれもいよいよ寺大工になるんだと気負い込みました。祖父もわたしを孫としてではなしに、法隆寺大工常吉の弟子として扱う態度を見せました。しかし祖父は、わたしの気持をはぐらかすかのように、

「これから一年間、おまえ自身で米つくりをやってみい」

と、法隆寺字国辺にあった一反半ほどの田を、小作人から返してもらって、わたしをそこに追いやりました。田の打ち返しから、苗床つくり、田植え、田の草取り、稲刈りと、なにからなにまで百姓仕事を全部一人でやりました。これは大工仕事と中味はちがうが、それに劣らぬほど苦しいものでした。本当の百姓は、一人でこの五、六倍以上の田圃をこなすというのに、わたしはこれだけでも、アゴを出すほどでした。

祖父は、わたしに農学校で習ったことを忘れさせないために、土とのふれ合いが、苦しくともどんなに尊いものであるかを、この百姓仕事を通し、体で覚えさせるつもりのようでした。百姓仕事の合い間には、もちろん大工修業です。これも大工修業以前のことかも知れませんが、礼儀作法をきびしく仕込まれました。

「口笛はいかん。あれは盗っ人の合図や」

と、そんな現場を見つかったら蹴とばされました。それと半農半工の大工として、排仏毀釈当時の苦難をのり切った昔のことを、忘れさせまいという気くばりが、祖父にあったのかも知れません。祖父はわたしに、いまの教育のように、手とり足とりで教えてくれるようなことはありませんでした。すべてが「体で覚えろ」式でした。

大工仕事は、大工の手足になる道具のいかんにかかります。またその切れ味は研ぎ方にかかっております。このため大工修業では、小川君のところで述べたとおり、研ぎ三年といわれるほどです。祖父は、はじめわたしにノミを与え、「これを切れるように研げ」といっただけで、研ぎ方は一切教えてくれませんでした。

「わからなかったら、わしの道具箱を見てみい」

「とことん研いでみい」

となにを聞いても、おし返されました。ノミのつぎはカンナ、ノコギリの目立て、……すべておなじことのくり返しでした。

研ぎ修業の合い間には、法隆寺境内で堂塔伽藍の組物などを見て、その文様や図案をうつしとることもやらされました。祖父は、

「どこそこの護摩堂《ごまどう》の絵様《えよう》はどんなか見て来い」

「あそこの門の蛙股《かえるまた》がどのようになってるか書いて来い」

といいます。わたしがいわれたとおりに見て来たことを話すと、祖父は「ちがう」。スケッチを

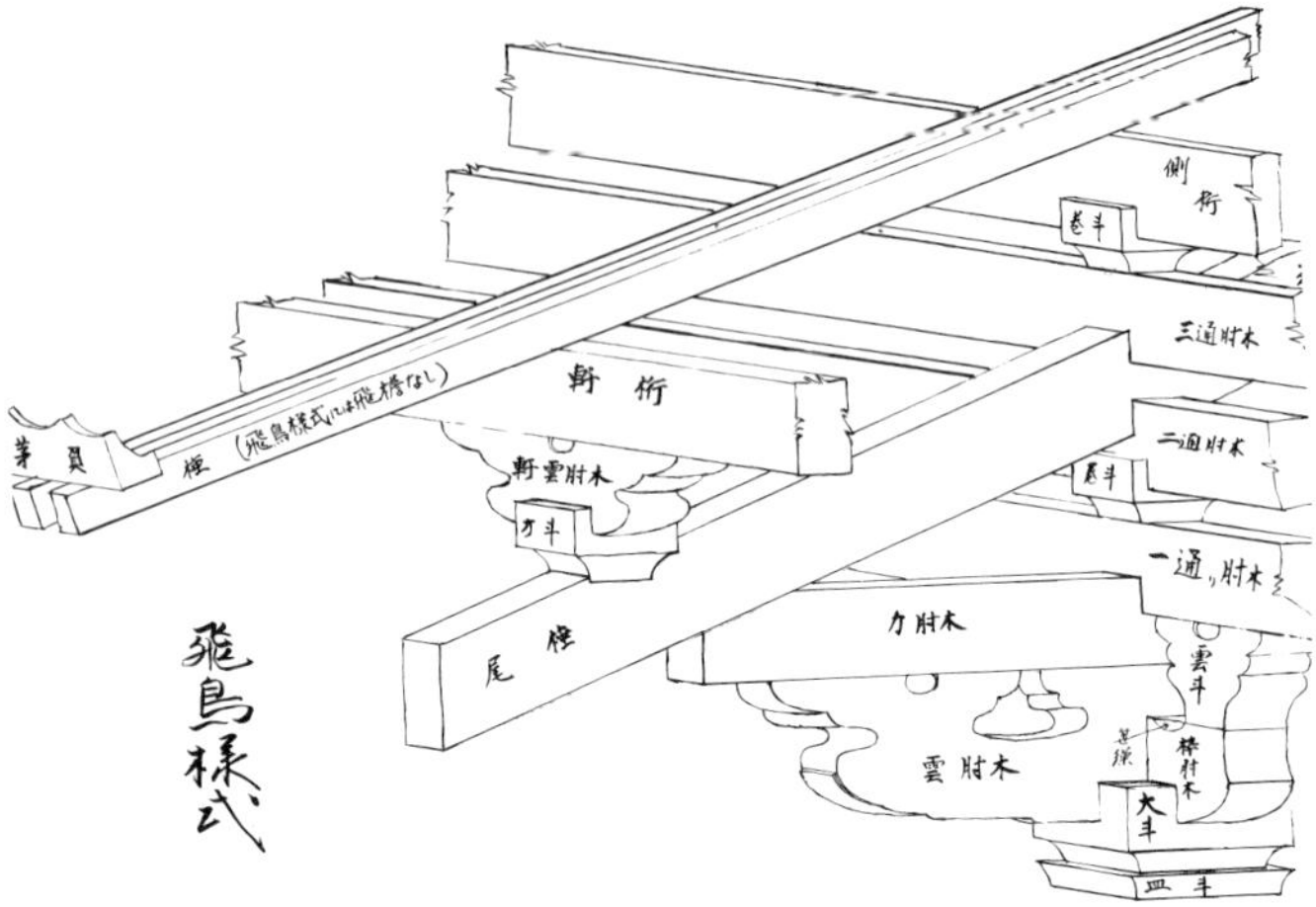

組物のスケッチ（西岡筆）

見せても「あかん」というだけです。祖父は「もっとよく見て来い」「あかん」と何回もくり返したあと、蛙股のときは、

「絵様の線を写すのではなく、絵様の木余りが絵様になるように書け」

といいました。はじめからそんなことをいわれても、なんのことやらわかりませんが、おなじものを何度か手がけているうちに、祖父のいうことが骨身にしみてわかるようになりました。

体で覚えるというと、頭のほうは空っぽでもよいととられるかも知れませんが、そうではありません。むしろ、仕事のやり方を教えてもらえず、やりそこなうと、

「そんなことをようせんのか。そんなことで法隆寺大工がつとまるか」

です。こうなると、その仕事のやり方を、一週間でも二週間でも、考えに考え抜いて、それに体あたり

していくしかありません。頭も体もとことん使いました。こういう修業が五年以上も続いて、十九歳の昭和三年（一九二八）ごろ、どうにか営繕大工として、祖父や父から認められました。

　昭和四年から一年半、陸軍に入隊し、大工修業に空白がありました。除隊後は同五年から法隆寺末寺の成福寺庫裡《くり》解体修理をやりとげました。同六年、橿原《かしはら》神宮拝殿新築工事では、父楢光の代理棟梁をつとめました。同七年、京都の東伏見宮家別邸表唐門工事では副棟梁でした。法隆寺昭和大修理の始まった同九年、東院の礼堂解体修理では、はじめて棟梁になりました。二十七歳でした。このとき、祖父はもうこの世にはおりませんでしたが、棟梁としての心構え、宮大工の技法など、祖父に教えられたことがすべてに役立ち、祖父のえらさありがたさをしみじみ感じました。この大任を果たして、宮大工としての道がひらけ、自信もついたようでした。

　これからあとの、宮大工としての経歴を年表にして、おもなものを拾い出してみると、こんなことになります。

昭和十四年（一九三九）―十六年　法隆寺西院の大講堂解体修理
十八年（一九四三）―二十年　同金堂の解体修理（十五年から開始）、同五重塔の解体修理（十七年から開始）、これら解体部材と仏像など文化財を分散疎開させる作業。昭和四年（一九二九）―二十年の間に陸軍への入隊、召集合わせて五度
二十年（一九四五）―二十四年　同五重塔の解体部材復元と精密調査（二十七年、復元完成）

二十四年（一九四九）—二十九年　同金堂修理復元工事の棟梁。この間、二十五年—二十七年、肺結核で入院
三十二年（一九五七）—三十四年　同東室解体修理
三十四年（一九五九）—三十九年　広島県草戸明王院五重塔、本堂などの解体修理
四十年（一九六五）—四十一年　平城京東朝集殿、平安京紫宸殿の各復元模型製作
四十二年（一九六七）—五十年　法輪寺三重塔再建の棟梁
四十三年（一九六八）—四十六年　薬師寺西塔、同金堂の模型製作
四十六年（一九七一）—五十一年　同金堂再建の棟梁
五十二年（一九七七）—　同西塔再建の棟梁

法隆寺大工の心構え

さきに述べたとおり、一人前の宮大工になるのに二十年はかかるでしょう。法隆寺のように、あらゆる時代の建物があり、その様式、技法、さらに建物にこめられた精神まで理解するとなると、昭和大修理のような好運にめぐまれない限り、生涯かけて精進努力しても、追いつかないことかも知りませんが、わたしの祖父は、法隆寺で生涯かけて体得した古代建築の技法と精神のすべてを、精魂こめてわたしに伝えようとしたようです。それを「体で覚えろ」式で、祖父はわた

しにたたき込み続けました。

祖父がなくなるとき、わたしは二十五歳でした。祖父の死顔は、

「おまえに教えたいこと、伝えたいことは、なんもかもしぼり出したがな」

と、いっているようでした。思えば四歳で祖父の現場につれて行かれてから、二十一年間です。途中、兵役で一年半、家を離れたほかは、小学校、農学校に通っていたときも、わたしを立派な法隆寺大工の棟梁にしたいという祖父の目が、たえず光っていました。研ぎについでは、古代建築に大切なチョウナ（手斧）の使い方も、やかましく仕込まれました。こうして造作、木割り、木取りと、もうなにもかも一人前以上になったつもりでいても、まだ祖父の「カミナリ」は落ちて来たのです。

薬師寺金堂再建中の筆者（西岡）

法隆寺の境内で、あるお堂の修理をしていたわたしに、

「ええか、お堂ではなしに、伽藍を建てるんやで」

と祖父のきつい声がとびました。一つの小さなお堂でも、法隆寺全体の伽藍配置の中の部分として生きていることを、忘れるなということのようでした。

法隆寺大工は、み仏の住み家を建てたり、修理するのが役目です。その法隆寺は聖徳太子が学問寺としての役目も課したところです。太子は坊さんたちに法華経、勝鬘経《しょうまんぎょう》、維摩経《ゆいまぎょう》の三経に研鑽をつむよう遺言されたと伺っております。祖父はわたしに、

「ぼんさんのやることを、なんもかもやれるわけないが、せめて法華経ぐらいは読んでおかなあかんで」

と法華経和訳本を渡しました。むかしの法隆寺大工や棟梁は、こういう勉強もしていたことが、これでおわかりいただけると思います。

さきほどの祖父の言葉の、

「堂ではなしに伽藍を建てるんやで」

は、実は、法隆寺大工の先人たちが、長い間の体験から残してくれた口伝《くでん》の一つなのです。これをくわしく書きますと、

仏法を知らずに、堂塔伽藍を論ずべからず
天神地祇《てんじんちぎ》を拝さずに、宮を口にすべからず
法隆寺大工は太子の本流たる誇りを心奥《しんおう》にもて

ということです。

こういう口伝のいくつかをお話ししますと、

塔組みは、木組み
木組みは、木のくせ組み
木のくせ組みは、人組み
人組みは、人の心組み
人の心組みは、棟梁の工人への思いやり
工人の非を責めず、己れの不徳を思え

また、

木を買わず、山を買え

というのもあります。これらについては、のちほどくわしく説明したいと思います。

ここで、わたしの父のことを話しておきたいと思います。父は養子で、生粋の大工育ちではありませんでした。祖父は父の仕事が気に入りませんでした。このことはさきにふれました。しかし、これは祖父が法隆寺大工の長い伝統と誇りにかけて、父をそう見ただけで、わたしたちからすれば、父は法隆寺大工としても棟梁としても、非難されるようなことはなく、立派な棟梁であったと思っております。

法隆寺の昭和大修理では、全国から腕に覚えのある宮大工が数十人集まりました。父はひとくせもふたくせもあるそういう「名人」たちの総棟梁として、主要建物の大部分の修理を立派にやりとげました。法隆寺大工棟梁の法隆寺境内仕事場は、宝物殿のそばにありました。昭和大修理の大役を果たしたからというわけでもありますまいが、父は、法隆寺元管長の故佐伯定胤《じょういん》さんの信任がとくに厚かったようです。その父も法隆寺の仕事が絶えたときは、弱々しくさびしそうでした。

修理用の古釘の曲がったのを、カナヅチで打ちのばす仕事ぐらいまではともかく、寺務所からの雑仕事をしながら、これも伽藍を守る棟梁の大事なご用やと笑っていました。法隆寺大工とか棟梁とはいっても、サラリーマンのように常雇いではありません。法隆寺の仕事が絶えれば、お手当はいただけません。それなら合い間に町屋大工仕事でも、といわれても、できない相談です。「汚れ大工」といわれるのがいやでというのではありません。わたしたちのように、古いむかしのほうばかり向いて、新しい建築や技術に背を向けて来た者には、ひたすら古い寺社建築とともに生きて行くしかありません。

法隆寺大工棟梁が、寺側から「鑑札」がわりに預かるものに、さきにもちょっと話しました『愚子見記』という本があります。これは慶長のころからおよそ数十年間にわたり、法隆寺を中心にして、奈良や京都の寺社、あるいは御所の建築について見聞したことが記録されたもので、法隆寺大工棟梁の長谷川家で書き写されたものです。

わたしは、この続編を書けたらと思っております。それにはわたしの体験と見聞のすべてをしるし、後進の人たちの役に立てたいつもりです。

二　法隆寺とヒノキ

法隆寺のヒノキ

法隆寺の堂塔に使われている木材は、鎌倉時代あたりから、ケヤキがいくらか使われ出しますが、それ以前はヒノキしか使われていません。わたしが思うに、むかしの日本人は、大陸の建築技術が渡来する前から、ヒノキのよさ、強さ、使いやすさを知っていたようです。たくさんの木の中から、粘り強いヒノキを選んで建物に使ったのは、天変地異の経験から教えられたのかも知れません。それに、道具が幼稚であったため、木目の通ったヒノキを使わなければならないということもあったのでしょう。製材の道具として、縦挽きノコのオガ（大鋸）と台カンナが使われ出したのは、ずっとのちの室町時代からです。それまでは、伐り倒した木から角材や板をつくるには、まず、オノやクサビで木を割り、それをチョウナやヤリガンナで仕上げて使いました。だから、木目が通っていないうえに材質の堅い、ケヤキなどはきらわれました。木目が通っていても、スギは軟らかすぎて、ヒノキにくらべ、強さと耐用年数がずっと劣りますから、これもきらわれました。少なくとも、鎌倉時代までは、建築の良材、適材はヒノキだけと見なされていたようです。

法隆寺の昭和大修理でわかったことですが、ヒノキ材の太さや材質、あるいは使われ方には、建物によりちがいが見られます。法隆寺の「再建・非再建論争」はさておいて、用材からみると、金堂が一番早く建てられ、その次が五重塔であったようです。法隆寺の用材は、どこで伐りどう運んで来て使ったのか明らかではありません。その材質は、わたしの感じているところでは、木曾のでも、吉野のでも、あるいは遠く離れた関東、中国、四国のでもありません。強いて材質の似た産地をあてはめるなら吉野ということになります。

法隆寺の太くて長い大きな柱は、樹齢二千年以上、直径二・五メートル以上の巨木を、真ん中から四つに縦割りにして使っています。四つ割にしないで、芯を含んだままの大きな柱は一本もありません。芯持ちの柱は、あとでヒビ割れしたり、曲がったりして、建物をゆがめ、ひどければ、こわしてしまうことになるからです。こういう巨木を割って柱や板に仕上げるのに、前記のような道具しかなかったのですから、大変なことだったと察しがつきます。それ以上に大変なのは、こういう巨木を伐り倒したところから、建築現場まで運び出すことだったと思います。山の斜面や川の流れを利用し、人の力をかりるほかありませんでした。運搬のための丈夫なロープも、まして機械力もない時代だったからです。ですから、法隆寺の用材は、ほかの寺社もおなじですが、はじめは、ごく近くの運び出しやすいところから伐り出して使ったようです。その材質が、いまの吉野のヒノキに似ていること、運搬のむずかしさなども考え合わせると、法隆寺の近辺に

法隆寺金堂

は、ヒノキの原生林があり、そこから適材を選んで建てたのではないでしょうか。

法隆寺の金堂と塔の用材をくらべると、柱、桁、斗栱《ときょう》はそう変わりません。それが垂木《たるき》まわりになると金堂の材料は、塔よりも、うんと悪くなります。塔は割り材を使っているのに、金堂では、大小さまざま、しかも芯持ちのまま使うようなこともしております。これだけでも、金堂が塔よりさきにできたことがわかります。

というのは、法隆寺のまわりには、金堂の屋根をふさぐ段階になったら、大きな木は生えていないし、そういう木の取り置きも底をついていたということです。そのため、手あたり次第に、残っていた木の大小をとわずに使って、間に合わせたのでしょう。どうもそんな感じがしてなりません。

塔になると、もうまわりには大木も、使える

法隆寺五重塔

木もなくなっていたのでしょう。こんどは遠いところから運ばなくてはなりません。遠いところまで足をのばしたからには、思う存分に、大きくて使いやすい木を伐って、割って、運んで来たと考えられます。ですから、塔は材質が一様で、良材がそろっているのです。このように、用材の立場からみても、学説のとおり、金堂から塔、中門へと建立が進められた過程を推測することができます。

考えてみると、これは無理もないことだと思います。法隆寺建立のころは、寺院建築が盛んで、なんでも、推古天皇の三十二年（六二四）当時で、四十六寺も前後してできたといわれます。その大部分は大和にあったというから、大和のヒノキは、見る見るうちに、伐りつくされていったのでしょう。

平安時代ごろの法隆寺諸堂再建や修理に使った用材は、その材質からみると、法隆寺に通じる川や道を利用できる限り、四方にさかのぼって、遠くは室生《むろう》（奈良県宇陀《うだ》郡）の山中にまで行ったことが想像されます。

法隆寺の用材

いまの法隆寺大工の仕事は、修理復元が中心です。飛鳥様式の金堂を例にとれば、平安時代に一回、鎌倉時代に一回、南北朝時代に二回、室町時代に一回、江戸時代に二回と修理が行なわれております。また法隆寺全体にわたるような大修理は平安、鎌倉、南北朝、室町各時代に行なわれ、豊臣秀頼による慶長の大修理、徳川五代将軍綱吉時代の元禄の大修理もよく知られております。

昭和大修理で、金堂の解体修理にかかったのは昭和十五年（一九四〇）からです。まず剝落破損のひどい壁画模写が、同年九月からおよそ七年計画で始まりました。この仕事にはおおぜいの画家が参加しました。途中、太平洋戦争突入、敗戦というきびしい試練を受けました。すでに述べたとおり、わたしが五度目の召集で陸軍に入隊した昭和二十年四月は、米軍機の本土空襲が激化していたときでした。アメリカ側が京都や奈良の古文化財に気を遣っていてくれたなんてことは、だれも知りません。戦火を避けるため、金堂を解体して、山中へ疎開させることになり、建物の上層部からその仕事にとりかかっていたところからの入隊でした。

わたしも法隆寺も、幸いにして戦火と死線をこえて無事でした。わたしの遠い祖先はさておいて、わたしの祖父も、父も、わたしも、法隆寺の建物を風雨や火魔から守り通すことが、先祖への仏恩に報いることになると念じておりました。それが残念でした。昭和二十四年（一九四九）一月二十六日の明け方、戦火にも遭わなかったあの金堂が焼けました。戦中と敗戦の混乱で予定以上に遅れた壁画模写継続中のできごとでした。原因は画家が使っていた電気座布団の過熱からということでした。朝早くのことで、わたしは朝飯の途中でした。父に続いて、わたしもがむしゃらに飛び出しました。わたしたちが西里の自宅から金堂にかけつけたときには、もう赤い炎が、解体した上層部にかけた素屋根にからまりついていました。その炎が、おなじく解体修理中の五重塔の素屋根にも、ポッポッと燃え移りかけていました。それで、金堂はだめかも知れんが、塔はなんとしてでも守りたい。そう思って、工事事務所の顔見知りと二人で、消火栓にホースをつなぎ、塔の素屋根に水をかけました。

このときの佐伯定胤管長さんも必死の思いだったようです。管長さんが、身がわりになれるならと、金堂の火の中に飛び込もうとされたのを、弟の楢二郎が、ようやっと抱きとめました。それはそれはえらい騒ぎでした。そうこうしているうちに、消防車が来て消火にあたりました。おかげで塔は助かりましたが、金堂はどうにもならず、模写進行中の壁画は、無残に焼けただれてしまいました。ただ金堂の上層部材は解体して保管、み仏さまも、ほかへお移ししておりましたので無事でした。

　世の中のこと、なにがきっかけでどう転ぶやらわからんもんです。このときつくづくそう思いました。戦後の混乱のため、なんか、やっておるような、おらんような状態だった法隆寺昭和大修理が、この火災を境にして急に活気づきました。国から予算が多く出るようになったらしく、おかげでわたしの賃金も一日八円二十銭から急に四百五十円にハネ上がり、ビックリしました。苦しいタケノコ生活に一息つけました。もっともそのころ民間の大工賃金は一日六百円になっておりましたが。

　この金堂再建は、昭和二十四年（一九四九）四月から本格的に始まり、二十九年十月に完成しました。前後二十年にわたった国の法隆寺昭和大修理は、ここでひと区切りつきます。このあとの保存修理は奈良県に委託となり、昭和三十二年から東室《ひがしむろ》解体修理が始まります。これらの仕事の経過については、すでにしるしたとおりです。

　法隆寺の昭和大修理のことを、いまから振り返ってみると、その体験がすべて、宮大工であるわたしの血となり肉となりました。学者諸先生方がこの解体工事を通して、古代建築の技法をいろんな角度から究明されたとおなじように、わたしも自分の目と体で、飛鳥から江戸までの技法を幅広く学びとることができました。

　こうして、折角身についた古い技法を、どこかで生かしたい。宮大工でありながら、一生を解体修理で終わってはつまらないと思うようになったのは、いつごろからでしょうか。昭和三十一

法輪寺三重塔

年（一九五六）、新発足して一年限りで終わった法隆寺文化財保存事務所の技師代理になったころかも知れません。ですから、たとえ実物の十分の一であっても、昭和三十六年に福山草戸《くさど》明王院五重塔、四十五年に薬師寺三重塔の模型づくり（近鉄奈良駅五階）の仕事が舞いこんで来たときには、つくる喜びにひたれました。その後は模型だけでなしに、法輪寺三重塔と薬師寺金堂の再建の仕事をさせていただき、本当にありがたく思っております。

これらは、あるものをそのまままねたのではありません。失われたものを、まず文献などで確かめて、復元設計図をつくりました。それに基づいて、材料を選び、刻み、木組みをして実際の建物を復元しました。やはり宮大工は、実際に堂塔をつくってこそ、その生き甲斐と喜びが身にしみます。これらの再建にあたっては、祖父からたたき込まれたこと、法隆寺の昭和大修理でえがたい体験をしたことが、すべて形となって生き返ってくれたことは申すまでもありません。

話を法隆寺に戻しますと、昭和大修理では、各建物を創建時の姿に戻すことが国の方針なので、現場の学者先生方も、技師も、わたしたち宮大工も、そのつもりで張り切りました。たとえば、各時代にわたりいくども修理が行なわれて来た金堂と五重塔ですと、まず新しいほうの元禄の修理を取り除いて、そのあとをその前の慶長につなぎ、続いて室町へ、鎌倉へ、藤原へというようにして飛鳥様式にまでたどりつく調査作業を、各建物、全部について行ないました。

この調査作業によって、ヒノキ以外の用材が、いつごろから使われ出したかということもわかりました。また、道具や技法がどんなに進んでも、木造建築では、ヒノキが他のどんな材よりもすぐれているということもわかりました。ヒノキが使われていたおかげで、法隆寺は世界最古の木造建築として、千三百年を生きぬいて、なお丈夫に立っているのです。

創建当初の法隆寺の建物は、ヒノキ材だけだったとさきにいいましたが、これはほんの少しあらためたいと思います。実は、金堂の野地板《のじいた》（屋根の下地材）にスギの板が少し使ってありました。このスギの板は、見たところしっかりしていたが、さわっただけでボロボロにくずれてしまいました。まるで、火に燃えて、形だけ残ったダンボールの紙のようでした。大むかしの人たちが、ヒノキとおなじに割って使えるスギを見ても、あまり使おうとしなかった理由がわかります。それでも、建築材としてのスギの寿命は、赤味のいいところで七、八百年はあるようです。ヒノキについで長持ちする木なのでしょう。しかし法隆寺千三百年を支えるには力不足です。

鎌倉時代ごろから少しずつ使われ出したケヤキについては、さきに述べました。秀頼による慶長の大修理ではマツとスギが大量に使われていましたが、昭和大修理では、それらは全部ヒノキにとりかえました。秀頼がこういう材料を使ったのは、家康の策略の裏をかいたためのようです。家康は社寺修理をさせて、大阪城の莫大な金銀を吐き出させ、戦う前に豊臣方を弱らせるつもりだったといわれます。これに対抗して修理奉行をつとめたのが、わたしの先祖を救ってくれた片桐且元だったそうです。もうこのころになると、ヒノキの資源はだいぶ減って来て、大材は遠くへ足をのばさないと手に入らない。それを無理に手に入れようとすれば、大変な出費になる。ということで、比較的手近に、しかも安く手に入るマツやスギを使ってすました、というのが真相のようです。

木の寿命ですが、スギについてはさきに述べたとおりです。マツとケヤキはともに四百年くらいが寿命です。このときの修理に使って、昭和の大修理まで残っていたマツとケヤキを調べますと、ひどいものでした。雨が漏ったところはとび腐れができて、そこからぽきりと折れたのもありました。

江戸時代になるとトガも使われます。この寿命も三、四百年です。これは妙な木です。表面は堅いが、いつの間にか中味が腐ってしまい、煙突のようになっています。六寸角の柱なら、表面から一寸（三センチ）程度までは堅くてしっかりしていましたが、中味はがらんどうです。なんどもくり返すようですが、法隆寺の用材から結論としていえることは、千年以上の寿命を持つ適材はヒノキだけということです。

飛鳥人のひらめき

ヒノキは木目がまっすぐに通っていて、材質は緻密、軽軟、粘りがあって、虫害にも、雨水や湿気にも強いことはよくご存じのとおりです。このヒノキを隅から隅まで使ったことが、法隆寺の建物を千三百年も持ちこたえさせた大きな理由です。ヒノキを削って、チョウナやヤリガンナで仕上げると、屑や木端が残ります。それも捨てないで、壁の下地の「木舞《こまい》」などに使っております。

あるいは途中で、いくども修復が行なわれたからこそ、千三百年を持ちこたえたのではないかという人もおります。ところがそうではありません。金堂も五重塔も、それを支える柱や梁、桁など、肝心なところはすべて創建当時のままのヒノキです。

ですから、そのことの続きをいう前に、わたしはここで「しかし」と強くいいたいことがあります。「しかし」です。どんなにいいヒノキ材を気のすむまで使ったとしても、飛鳥時代人の「ひらめき」と「やり抜いた」行動力がなかったら、こんなに古い建物を、いまのわたしたちは見られなかったのではないでしょうか。それは建物の柱を礎石《そせき》式にしたことです。何百年と続いて来た古代人の掘立柱方式を、法隆寺創建にあたって急に礎石式にきりかえたのは、どういういきさつと、だれの力によるものなのでしょうか。聖徳太子の知恵なのか、百済工人の執念なのか、

法隆寺中門の柱と礎石

あとから来た新羅工人の新知識によるものなのか、その他なんであったのか、わたしにはどう考えてよいのかわかりません。わたしは、このきりかえをやらしたのもえらいし、やったのもえらいと感心するだけです。

木を土に埋めて柱を立てれば、土際の部分がすぐ腐る。柱が腐れば、家がつぶれることは古代人も知っていました。しかしそうすることが、地震や台風に対して安全であることをより切実に知っていたからこそ、掘立柱方式にしがみついていたのだと思います。それをあえて柱を石の上に立て、柱と建物をより長持ちさせる礎石式に踏み切った度胸のよさ。この度胸のよさは、あるすばらしい「ひらめき」があったからこそできたのではないかと思います。

建物の掘立柱への執着は、法隆寺創建後百年たった平城京跡にも見られます。それどころか、山陰地方の漁村などには、いまなお掘立柱式の住居があるくらいです。このことからも、飛鳥時代の人が、永遠の建物をつくるために、必死の試みをしていたことが実感として、わたしの胸にこみ上げて来ます。

話はかわりますが、このごろビル建造物などをめぐり、環境破壊や日照権が問題になっています。古代の人たちは堂塔をつくるにあたっては、それをとり囲む山や川、雲の流れにすら、うまくとけこもうとした様子がありますす。たとえば、堂塔の高さは背後の山の高さに気をくばりながらきめています。出雲大社が背後の八雲山の半分の高さになっているように、山の高さとの釣合いを大切にしています。

平城京跡の掘立柱

法隆寺では唯一の絵模様といえる雲斗栱の彫刻、あの模様は、近くの二上山によくできる雲の形にそっくりです。それをある学者が、あれは池の波紋を造形化したなどという奇説を持ち出して来たときはあきれました。古代人の心を知らなすぎるからです。

一つ一つの建物についても、お互いに日蔭をつくらぬよう、敷地内での大きさ、高さ、それに間隔をよく考えています。建物に日蔭をつくることは、湿気をよび、乾燥をさまたげ、腐れを早めることを知っていたからです。それは日照権以前の問題で、建物のいのちを考える大工なら、犯してはならない基本原則でした。

王城と砥石

わたしは自分の大工修業の間、刃物の研ぎがどんなに大切であるかを、祖父から体で覚えさせられたことを語りました。道具の刃物を研いで、よく切れるようにするためには、それを研ぐためのいい砥石が必要です。むかしから、

「王城のあるところ砥石あり」

という言葉があります。この意味は、

「いい砥石の出ないところに王城はできない。王城のあるところには必ずいい砥石がある」

という意味です。

いい仕事をする大工の一日は、作業六、研ぎ四とわたしは信じています。この研ぎについてくり返していいますと、一人前になるのには、最低三年かかります。研ぎができれば、削る、刻むはすぐできます。研ぎは得心するまで研ぐことです。これ以上研げないところまで研ぐことです。そうすればカンナでも、ノミでも、カミソリよりも切れるようになります。

道具の刃に紙を吹きつけるとサッと切れます。このくらいの刃物で木を削ると、木の繊維をいためず、木の細胞の層を一枚一枚はがして行ける感じがつかめます。そこに雨水があたっても、細胞の層に切れ目がないので、雨水をはじき返す感じです。切れない刃物では木肌が毛羽立ち、

雨水の滑りが悪く、雨水がしみて木の寿命を縮め、木を殺してしまうことになります。ですから丈夫で長持ちする木造の建物は、場所と配置と構造と材料をよく吟味したら、次に必要なのは、大工の刃物です。さらには刃物を研ぐ砥石です。よく切れる刃物のために、研ぎ減らされる砥石の量も大変です。

奈良も京都も、むかしは王城の地にふさわしく、いい砥石がたくさん出ました。いまは採掘しつくされてしまい、その面影がわずかに残っているだけです。

ヤリガンナ

砥石のあとに刃物では話が前後しますが、法隆寺など古代建築をつくり支えた刃物に、ヤリガンナがありました。飛鳥様式に見られる雲斗栱の彫刻、雲肘木の曲面、エンタシス（柱のふくらみ）は、いずれもみなヤリガンナでつくり出したものです。

とくに法隆寺のエンタシス柱がヒノキであることに、わたしは感銘を深くしています。あの柱が石や鉄ではこまります。木でもヒノキのほかではいただけません。お堂の雰囲気にふさわしいあの独特なまろやかさと和らぎと暖かさは、ヒノキからでないと生まれて来ません。

こういうヒノキの特質を十分に引き出したのがヤリガンナです。もしこれを台カンナで仕上げたとしたら、江戸時代の寺社のように、冷たく硬い感じになっていたかも知れません。幸か不幸

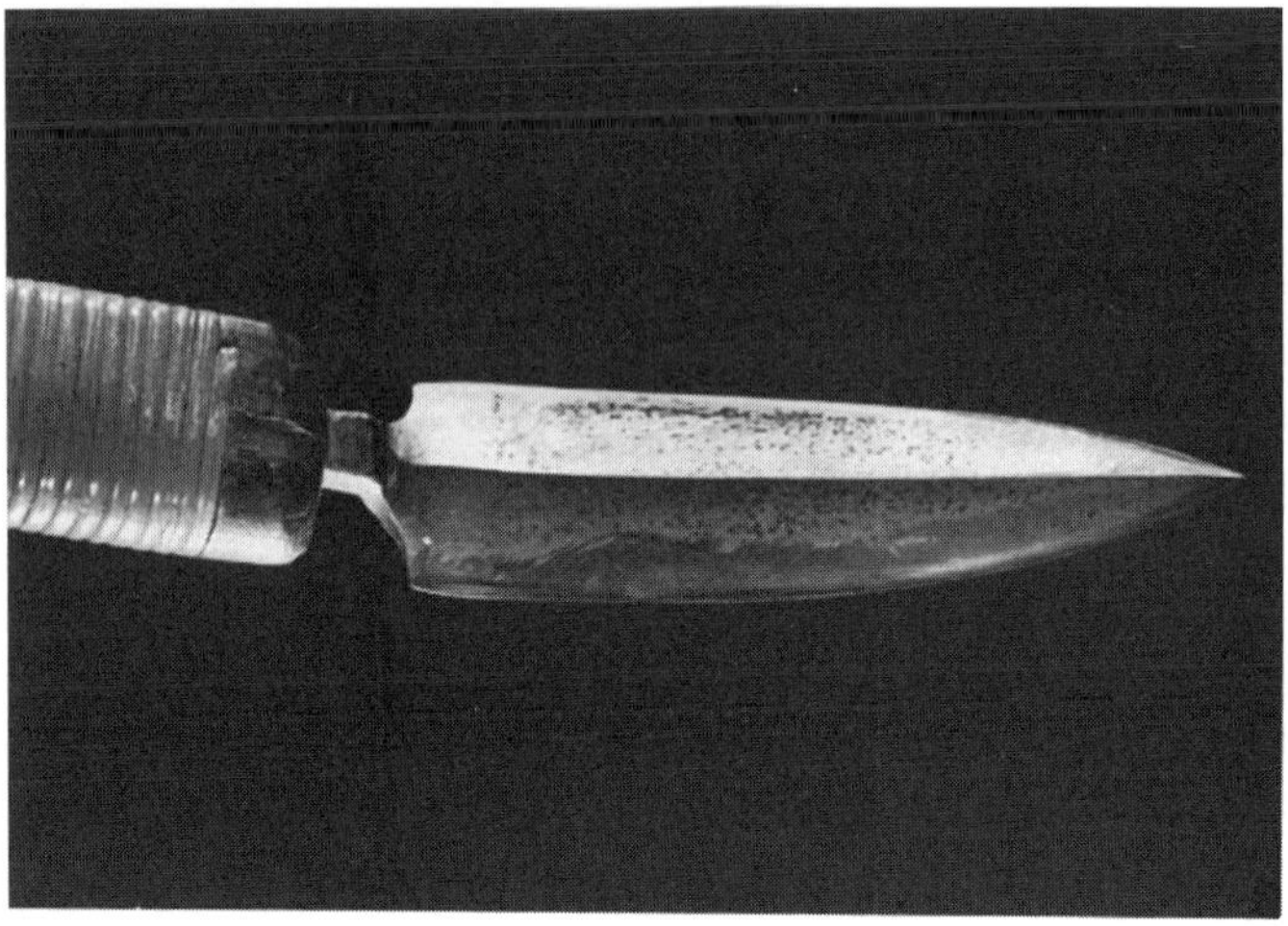

ヤリガンナ

か、台カンナという便利な道具が使われ出すのは室町時代からです。それまでは、槍の穂先が反ったような形をした、このヤリガンナで削りの仕上げをしていました。

ヤリガンナは台カンナにくらべると、二倍ぐらいの力と時間を喰う能率の悪い道具です。しかしその滑らかな仕上げ面をよく見ると、平べったいスプーンですくいとったようなこまかい曲面の連続です。法隆寺のエンタシス柱は太く、円く、そして中間にふくらみを持ついわば曲面の連続です。ヤリガンナはこういう柱を仕上げるために生まれたのではないかといいたいほどです。台カンナの仕上げ面はどんなに滑らかでも、それは直線か平面のつながりです。ここに大きなちがいがあります。

このヤリガンナは、台カンナの出現とともにすっかり姿を消してしまいました。いまは、形はそれに似ているが、実際に使われたものよりは小型のものが、正倉院に一個残っているだけです。法隆寺の大修理では、焼失した金堂下層部分に、エンタシス柱と雲斗栱、雲肘木を復元する必要に迫られ、文部省の指示でいろいろと苦心して、ヤリガンナの復元に成功しました。

ところが、形はヤリガンナですが、はじめの試作品は役に立ちませんでした。いくら研いでもうまく切れません。よくよく調べた結果、現在の鉄では駄目なことがわかりました。いまの鋼は堅すぎて、ヒノキの材質に合わないのです。そこで法隆寺に残っていた飛鳥時代の古釘を鋳つぶしたのと、日本カミソリの鋼で、ヤリガンナを五丁つくり、うまくいきました。大阪堺市に住む刀匠水野正範《まさのり》氏がとくにつくって下さったものです。古釘でつくったヤリガンナはしなやかで粘りがありました。ヒノキの材質にぴったりで、よく削れました。これらを使って、法隆寺金堂を復元したあと、薬師寺金堂の再建にも役立てました。もっとも、水野刀匠につくっていただいたヤリガンナを本当に使いこなすまでには三年ほどかかりました。

三　木について

木の寿命

日本人の平均寿命がいまは八十歳近くまで延びています。そのためか、五十五歳とか六十歳で停年退職した人たちが、よく「第二の人生」という言葉を口にするのを聞きます。その意味は、むかしなら残りわずかな余生を楽しむという意味にとってよかったそうです。いまはもう一度そのくらいの長さを生きるんだという腹づもりが、そこにこめられているとある人から聞かされました。それを聞いたとき、この世に生きてあるものには、なにかしら似かよったものがあると、つくづく感心しました。

わたしは法隆寺という千三百年前の古い建物と、それを支える古い木とともに生きて来ました。そうしたわたしにとっては、このうえない愛着を覚えるその古い木がいつまでも生き続けてくれることを願いながら、わたしのほうからおさきに失礼するつもりです。

わたしの祖父も、父も、わたしも、木は「二度生きる」と信じていました。これはわたしたちだけではありません。ひょっとすると日本では、神代のむかしからだったかもしれません。わたしたちはお堂やお宮を建てるとき、「祝詞《のりと》」を天地の神々に申し上げます。その中で、「土に生え山に育った樹々のいのちをいただいて、ここに運んでまいりました。これからは、この樹々たちの新しいいのちが、この建物に芽生え育って、これまで以上に生き続けることを祈り上げます」

という意味のことを、神々に申し上げるのが、わたしたちのならわしです。ですから樹齢二千年の山の立木が、第二の生き場所をお堂なりお宮に得た場合、おなじ年月、あるいはそれ以上に、建物を支えて生き続けてくれると信じていました。

法隆寺の建物は、ほとんどヒノキ材で、主要なところは、すべて樹齢一千年以上のヒノキが使われています。そのヒノキが、もう千三百年を生きてビクともしません。建物の柱など、表面は長い間の風化によって灰色になり、いくらか朽ちて腐蝕したように見えますが、その表面をカンナで二、三ミリも削ってみると、驚くではありませんか、まだヒノキ特有の芳香がただよってきます。そうして薄く剝いだヒノキの肌色は、吉野のヒノキに似て赤味をおびた褐色です。千三百年前に第二の生き場所を得た法隆寺のヒノキは、人間なら壮年の働き盛りの姿で生きているのです。

昭和大修理で、金堂と五重塔の解体修理をしたときです。隅《すみ》垂木、尾垂木《おだるき》など軒を支える構架材のヒノキが、屋根の重みでかなり曲がって垂れ下がっていました。ところが瓦や屋根土を降ろしたらどうでしょう。曲がっていた垂木が、二、三日するうちに曲がりが戻って元の姿になりました。ここでも、木はまだ生きていたのです。

木材の老化現象を研究されている小原先生にそのことをお伝えしましたら、「それは当然ですよ」といわれました。このことについてはあとでくわしく述べられるはずです。

法隆寺のヒノキ材についていうと、いまの古い柱の強さは、新しいヒノキ材とほぼおなじだそうです。もしそうだとすれば、あと千年以上は寿命があるわけで、わたしたちが信じていた、樹齢二千年の木は二千年の第二の人生がある、というのはまちがいではなかったことになり、こんなうれしいことはありません。

それなら寿命が三、四百年だったケヤキ、マツ、それより長くて八百年ぐらいのスギは、どうなのでしょうか。これらについては、熱気と湿気のひどい瓦の下とか、雨水のかかるところだったために寿命を縮めたわけで、通気がよく、雨水のかからないところに使っていれば、もっと寿命を延ばせたと思います。人の世でも、運のない生き方で生涯を終える人がいるのと、おなじではないでしょうか。

木を買わず、山を買え

この言葉はさきにもお話ししたとおり、法隆寺大工の間で、古くからいわれて来た口伝の一つです。これに似た戒で「木を見て、山（森）を見ず」というのも知っています。一本一本の木の

姿に目を奪われて、山や森の全体の姿を見失ってはいけないということでしょう。法隆寺大工の口伝では、これに近い諺として、

「堂を建てず、伽藍を建てよ」

というのがあります。法隆寺全体の堂塔伽藍の配置や調和を忘れてはいけない。一つの堂を再建修理するにしても、全体との釣り合いを忘れて、勝手なことをしてはいけないということです。

「木を買わず、山を買え」の意味も、いくらかそういうことに似たところもありますが、ちがうところもあります。以下はわたしの解釈です。大きな堂塔を建てるのには、たくさんの木が要ります。建てたあとの狂いやゆがみをなくすためには、おなじ材質でまっすぐに木目の通った、くせのない木を使えばよいと思われるかも知れませんが、必ずしもそうではありません。建物には陽のよくあたるところとあたらないところ、湿気の多いところと少ないところ、風あたりの強いところと弱いところ、重みの多くかかるところとかからないところ、これらがいくつか重なり合っているところというように、さまざまな条件や動きがあります。

これらの条件や動きに応じて、木を一本一本さがし歩いていたのでは、必要な木をそろえるだけで何年もかかり、あるいはそういうこまかい探索に気疲れしてしまって、ろくな建物ができないまま終わるかもしれません。それでは駄目です。建物の条件と動きを、木の生えている山の状態にあてはめて、その山全体で必要な木をそろえよというのが、この口伝の教えなのです。

木は生きています。山に立っていても、建物として生まれかわっても、「生きている」ことに

変わりはありません。生きた人間の性格が一人一人ちがうように、木も一本としておなじ性格、おなじ材質のものはありません。大きくいえば育った地域でちがいます。

吉野のヒノキは油気と粘りがあります。カンナで削った面に、雨水があたると滑るように流れ落ちます。その吉野でも、山ごと、谷ごとに差があります。また実生《みしょう》の天然ものはしなやかで、弾力性がありますが、人工的に植林で育てたのはぶくぶく太っている感じで、強さと粘りに欠けます。

木曾ヒノキ、すなわち尾州《びしゅう》ヒノキはやわらかで、削った地肌がきれいなかわりに、油気が少なく、雨がしみて風化しやすいし、曲げる力に弱い欠点があります。法輪寺三重塔と薬師寺金堂の再建に使った台湾ヒノキは、吉野ヒノキより油気が多く堅いが、やや折れやすいようです。

ですから必要な木をさがして、あの土地、この土地と歩き廻るより、一つの山を見つけて山ごと買えば、割合にそろった材質の木が得られます。それでも尾根と谷、日向と日蔭、風あたりの強弱などで材質がちがって来ます。それはこのあとの「木のくせ」のところで述べたいと思いますが、そういうちがった材質は、適材を適所に使うことによって解決できます。それをやれるかどうかは、宮大工の腕にかかっているのです。

そこでさきにも述べましたように、

塔組みは、木組み

木組みは、木のくせ組み

木のくせ組みは、人組み
人組みは、人の心組み

という宮大工の口伝があるわけです。

堂塔をつくり上げて行くとき、設計図どおりの用材が手あてできたとしても、それからが大変です。「くせ木」を組む前に、「くせ木」以上の「人の心」をつかんで、しっかりと共同作業ができるようにしておかなければならないからです。

法隆寺のエンタシスの柱を一本一本こまかく測ってみると、どれも相当にちがっています。オノやクサビで割った木を、チョウナやヤリガンナで削るのですから、割れすぎ、削りすぎは当り前です。こういう不ぞろいは、組物などをこまかく見るといたるところにあります。斗《ます》の曲線でも、一つとしておなじものはありません。全部ちがっています。垂木の太さもそろっていません。こういう不ぞろいの部分を集めて、一つの全体をつくり上げることは至難の業でした。それを見事にやってのけ、しかも全体として見ると統一がとれ、力強くたくましく、またやわらかい感じすら出ています。これはえらいことです。おおぜいの大工の心がひとつになっていないと、あれはできません。むかしの法隆寺大工が心をひとつにできたのは、棟梁の統率力だけでなしに、お互いの心が通じ合い結び合うような、信仰の対象があったからではないでしょうか。

木のくせ

これでおわかりと思いますが、むかし堂塔の木を組むということは、木を寸法的に組むのではありませんでした。その仕事をする大工の心がひとつになっていて、はじめから、そしていつも、その堂塔のあるべき全体の姿は一人一人の大工の心の中に、はっきりと見えていたのです。部分的には材料の長さ太さがいくらかちがっていても、当時はあまり気にならなかったようです。いずれはめざす堂塔の姿ができ上がると信じていたからです。ひとつの心になった大工たちが、最も気にしたのは、木のくせを知り、そのくせを堂塔にうまく組み合わせることでした。

山の木は、平地であると斜面であるとを問わず、まず地面に対して直角に芽を出します。地面から芽を出した木は、こんどは天空に向かって垂直に伸びて行きます。ですから地面に傾斜があるときは、根元の部分は彎曲《わんきょく》するわけで、この彎曲した幹の部分を「あて」といいます。

法輪寺三重塔と薬師寺金堂の再建に使うヒノキ材を、台湾へ見に行ったときのことです。樹齢二千年以上もある木でしたが、急斜面なので、この「あて」の部分が長さにして四メートル以上もありました。「あて」の部分は、地上にそびえ立つ木の重みを支え、風でゆれ動くのを突っ張るために、材質が幹の中で最も堅くてくせがあり、繊維は竹のそれのようにピンピンしています。

どんな木でも、くせを出し切らせるためには伐り出してから、三年から十年間寝かせておかな

再建なった薬師寺金堂

いといけません。三年から十年も寝かせておくというと、長いこと木にムダをさせるように思われるかも知れません。ところがむかしは、山から木を伐り出して、お寺やお宮を建てるところまで運んで来るのに、三年も五年もかかった例がたくさんあります。この間に伐り出した木は、苛烈な自然の雨、風、雪、暑さ、寒さにさらされ、自然の木から建物の木へ生まれ変わるための、体質改善をさせられていたのです。

自然の立木であったとき生育に必要だった樹液は、建物の木になるといらなくなります。この樹液がどういう成分からできているのかくわしくは知りませんが、建物の木となったとき、その木に樹液が残っていることはよくありません。それを一般には、木の乾きがまだよくないとか、よく枯れていないといいます。枯れていない木を使うと、割れたり、思いがけないくせが出て建物を狂わせたりします。また、しみが出たり、腐れの原因にもなります。

これをなくするためには、立木のときの樹液をしぼり取ってしまわねばなりません。むかしの人たちは、それが終わるのをじっくり待ちました。ぼんやり待つのではなく、山から運び出す間の年月をそれにあてたのです。それでもなお樹液が残っているときには、木を池や川に浸して置きました。樹液が残っている木は水に沈みます。沈んだ木には水がしみ込んで、中の樹液を追い出してくれます。このようにして芯まで樹液がなくなった木は、水の表面に浮き上がって来ます。樹液がなくなると水の通りがよくなるので、乾きも早くなります。木が乾く、枯れるとはこのことをいうのです。

この状態になって、山で二千年生きて来た木が、建物の木としてさらに二千年生きるのに必要な条件を満たすことになるのだと、わたしは考えています。木の立場でいえば、第二の生を生きるためには、三年から十年ものこういう精進が必要だということです。それがどうでしょう。いまの忙しい時代ではあきらめなければならないことですが、こういうむかしのやり方は許されません。

法輪寺三重塔、薬師寺金堂の柱は「天然乾燥」ですが、再建した法隆寺金堂では、おもな柱は「高周波乾燥」という手っとり早い方法がとられました。これは自然の力で木の樹液を取り去るのではなく、人工的に熱でそれを焼き出すようなやり方です。これは木のいのちを縮めるものでしょう。「高周波乾燥」が思うようにいかないということで、柱の芯を抜いて高周波をかけるという手荒なこともされました。結果として、太い柱は縦割れがひどくなっています。一本の柱がいく本かに割れてバラバラになるおそれもありましょう。ひょっとしたら、この次に修理するときは、上と下を鉄のバンドで締めなければならないかも知りません。因ったことです。時間がない、金がないといって、自然の法則にさからうと、とんでもないことになり兼ねません。

ともかく芯まで「乾いた」木は、そこではじめて独得のくせが出て来ます。ねじれたり、曲ったり、一本一本おなじではありません。木のくせは経験を積めば、芯まで「乾かす」前に、見ただけで八割までは読みとれます。残り二割は乾かしてみないとわかりません。

ところが前述の「あて」だけは、五年たっても十年たっても、「くせ」の出し方に法則性も安定感もなく、まったく「あて」になりません。「あてにならない」という言葉は、これから生まれて来たのではないでしょうか。「あて」をうまく使えたら、強いことこの上なしですが、堂塔にこれを使うことは危ないので、むかしから敬して遠ざけるのが無難とされて来ました。台湾ヒノキの「あて」も太くて長く、立派なものばかりでしたが、そんなわけで、みんな山中に置き去りにして来ました。この「あて」を切り棄てたあと、わたしたちは木のくせを見抜き、どこを、なにに、どう使うかきめます。

木のくせはまず、ねじれと「反り」です。おなじ種類の木でも、山の頂上、中腹、谷、斜面の角度、北および西側、南および東側、風あたりの強弱、植生の疎密などで、反り、硬さ、軟らかさはもとより、材質はさまざまです。右に反る木に、おなじ力で左に反る木を組み合わせれば、左右に働く力が釣り合って、塔がねじれたり、傾くことはありません。これが木組みの基本です。

力のかかるところや軸部材には、ひねくれねじれて、節のある木を持って来ます。そういう木は、山の頂上の南あるいは東側の、強い風あたりのところに生えたものです。北側、西側、谷筋に育った木は、素直でおとなしく、材質がやわらかです。だから力も弱く長持ちしません。人間でいったら温室育ちでしょう。力のかかる軸部材には向かないが造作材にはなります。

北あるいは西側に生えた木は、根元から末口《すえくち》まで太さに差がありませんから、大きな材料がとれます。しかし南あるいは東側の木は、根元は太いが先細りになるものが多いようです。

一本の木でも、樹心を境にして南側と北側では、材質にこれまで述べたような差が見られます。枝は南東側に多く出ますから、節が多いわけです。ですから、大木を芯から四つ割にして使う場合には、南東側の二本を柱などにし、北西側の二本は材質を見て、軸部材にするか造作材にするかをきめます。四本とも柱にする場合でも、南東側の節くれ立った二本は建物の南東側に、北西側の素直な二本は北西側に使わないといけません。建物の木になっても、育った山の条件によるくせを持ち続けるからです。そうしないと木のくせを狂わせ、建物をゆがめたりすることになります。これはあとでもう一度述べるつもりです。

ところが古代建築の南側は正面玄関になります。そこは節のない柾目《まさめ》の通ったきれいな北西側の木で飾りたいのが人情です。それなのに、法隆寺では金堂でも、南側の正面に節くれだった肌ざわりのよくない南東側の木を使っています。ここにも木を知り、木を生かして、自然に逆らわない飛鳥工人たちのたくましさと知恵を見ることができます。

堂塔だけではなく住宅などにも、こういうことが守られていれば、木の反りによる壁のヒビ割れ、建具の狂いなどはかなり防げるでしょう。しかしいまは木のくせを読めません。まだくせを出し切らない木を寸法に合わせて、柱や板に製材してしまい、大工が木のくせを読みたくとも読ませない状態だからです。むかしは割って使いましたから、生木でも木目を見れば、どちらに反るくせがあるのか見分けがつきました。

適材を適所に

木のくせは「反り」だけではありません。堂塔建築では木材を使い、何重にも重なった瓦や壁などの塔のものすごい重さに耐えさせました。たとえば法隆寺五重塔の重さは、およそ百二十万キロです。どこかで木によってこの重さを引き受けることが必要です。そういう重さに耐える木は、山の南側で、四季おりおりの自然の猛威に耐えて生き抜いた強い木でなければなりません。そういう木は木目がこまかくはっきりしていて、節は「生き節」で油ぎっています。こういう材質の「くせ」を知って、適材を適所に使うことが堂塔建築では大切なのです。

垂木の場合は、屋根荷重で垂れ下がってきますから、それを防ぐために、木口の芯側が下になるように置きます。芯持ちの垂木は芯を外側にして反り曲がるので、荷重による沈下と置き方によって相殺させるわけです。法隆寺の塔は各階ごとに、少しずつ垂木の割りに差があって歪んだ感じを受けるところがあります。これは垂木割りの寸法をまちがえたのではなく、右曲がりと左曲がり、垂れと反りをうまく組み合わせて相殺しているのです。

丸太を割って板にすると反りますが、ふくらんで腹を出す感じになるのは芯に近いほうの側です。樹皮に近い側はへこんでいます。これをよく呑み込んで、裏表をうまく組み合わせることも大切です。たとえば桁は、外へ曲がるように使います。桁の隅の部分は桁と桁の組み合わせのため、欠き取りや、垂木の落ち掛りで切り欠け部分ができ、そこへ隅木《すみぎ》が落ち込んで来ます。こうして三つの木が組み合わされるので、荷重は部材の断面積の三分の一に弱められます。

下手な組み合わせをすると、地震のときに先端が折れたり、ちぎれて飛んでしまいます。だから垂木で外反りを内側へ引き込むように組み上げるのがコツです。こうすれば強震のときでも外に飛びません。それには木のくせをよく読み取ることが大切です。

一本の木には「日面《ひおもて》」と「日裏《ひうら》」があります。日面というのは、立木の樹心から南半分のことで「生き節」が多く、木目は荒く強い感じになっています。「生き節」は、節とまわりの材とがつながっています。一方「死に節」は節とまわりが切れていますから、乾くと抜け落ちます。死に節のある木は弱いのです。日裏は日面の反対側の日蔭の部分で、生き節が少なく、木目の通りはよいけれども木に力がありません。そこで、日面は柱のような構造材に、また日裏は見ばえの大事な造作材にまわします。一本の木をそのまま柱に使うときは、日面が南面するように立てます。日面の細胞は日光になれているが、日裏はなれていないので、日光にあてると、ひび割れや風化がひどくなるためです。

　薬師寺金堂に使った台湾ヒノキのうち、柱材に使った丸太は直径二・五メートルもありました。それを四つに割って七十センチ直径の丸柱にしましたが、日面の分は建物正面の南側に使い、日裏の分は裏側にまわしました。こうすると節が多くて見ばえの悪い柱が正面に来るのですが、見ばえにこだわるよりも、その木の最も自然な状態、つまり自然の中で育った環境に逆らわずに使うのが、その木の寿命を全うさせる上で大事なことですし、建物を長持ちさせることにもなるからです。

　法隆寺の解体修理をしてわかったことは、創建以来の何回かの修理の中を生きのびて来た大きな材は、適材を適所に使い分けたものだったということです。とくに生き節の多い日面の木が強かったのです。

木の死因

　わたしは法隆寺の解体修理のとき、樹齢二千年のヒノキが千三百年もの間法隆寺を支えて来て、いまもなおそれぞれの持ち場で役割りを果たしているのを見て、木のいのちの尊厳にうたれました。それは神としか思えません。

台湾で、二千年のヒノキを立木で見たときもそうでした。ときの流れを枯れた色に変えて、樹齢にふさわしい風格と重味が、枝にも葉にもにじみ出ていました。わたしはこういう木に向かうときは、一心に拝みます。

「宮大工の良心に誓って、そのいのちを殺すようなことはいたしません」

と。わたしはそのあとでノミやカンナをあてることにしております。

生きものである木にも、人間とおなじように自然死と事故死があります。天災地変に遇うほかは、木にも天寿を全うしてほしいとわたしは願います。少なくとも木の奉仕者であるわたしは、木の天寿をさまたげ、事故死に追いやるようなことがあってはならないと誓っています。

建物やわたしたちの生活の中で、静かに暖かく、そして他のどんな建築材料よりも長生きし、またこれからも長生きし続けるはずの木を、不自然な事故死に追いやる例がこのごろは多すぎるように思います。さきに述べた「高周波乾燥」などはその一例でしょう。本当の気持をいえば、製材のための機械設備、電動工具もあってほしくありません。できるなら飛鳥時代のあの不便さがあってほしいくらいです。そうすれば、木材資源がこれほどまでに伐り荒らされることはなかったでしょう。国内だけでなく、海外の木材資源も少なくなって来ているからです。

わたしのように遠いむかしのほうばかり向いて、生涯を終えようという人間は、いまの時代の新しい技術にはついていけません。しかしわたしはあえて時流に逆らって叫びたいのです。大切にすれば千年二千年ももつ木のいのちを、なぜ百年はおろか、二、三十年で絶つような使い方を

電気カンナ（右）と電動のノコギリ

するのかと。少なくとも後世に長く残したい文化財については、木のいのちに沿った復元や修理を進めてほしいと願っています。

木のくせを無視した製材のよくないことは、すでに述べました。電動工具の電気カンナはヤリガンナにかないません。電気カンナで削った木は、すべすべしているように見えても、実際は繊維をいためているので、雨に遇うと水がしみて黒ずみ早く腐ります。

木を殺す兇器の一つに鉄があります。法隆寺で飛鳥工人は、最少限ですが釘を使いました。しかしその鉄は鍛造に鍛造を重ねたものですから、薄い層が何枚となく重なり合っています。たとえ表面がサビても、一皮めくればサビに侵されません。だからこそ千三百年たったいまも、釘の役目を果たすものが残っているのです。

慶長の大修理で補強に使ったカスガイは、おなじ鍛造鉄でありながら、三百七十年後の今日、ぼろぼろになったサビの塊で、鉄の役目をまったく失っています。

わたしの祖父が明治三十年（一八九七）に解体修理した法起寺三重塔には、鉄のボルトが使われました。これを昭和四十三年（一九六八）に調べたところ、サビでネジの山が消え、ボルトのまわりの木の穴がガタガタで、これが塔をゆがめた原因でした。

これらの鉄は、いずれも低温で長時間かけてじっくりつくったものです。それでも年月がたつと質が落ち、塔全体の寿命を短かくする原因になったのです。

鉄を木に打ち込むと、鉄のサビでまわりの木も腐ります。木の穴にさしたボルトがサビると穴は二倍もの大きさに広がり、木をそこない、修理のときは鉄材だけでなく木も取りかえなければなりません。鉄は硬く強いように見えますが、生命力は木にくらべてずっと短かいのです。ヒノキだけなら千年以上もつ建物を、鉄材と合わせて使ったばっかりに、鉄と無理心中させられるのはいかにも惜しいとわたしは悲しんでいます。

それなら鉄筋コンクリートとの共存はどうでしょうか。これもよくないとわたしは思います。再建した薬師寺金堂は、その中に国宝の仏像を火災や地震から守るためということで、鉄筋コンクリートの蔵が納まっています。これは軟構造の古代日本建築と、硬構造の近代洋式建築との妥協の産物でした。

日本の古い建築は、地震や台風などの力をうまく分散させて、消してしまうような軟構造でできています。ですから木と木のつなぎ目は軟らかく、人体の関節の役目をしています。この古代構造が生きて働くためには、骨格がしっかりしていないといけません。ところが薬師寺金堂では、建物の腹の中に硬構造の鉄筋コンクリートの収蔵庫が入り込んだため、梁を通すことができませんでした。人間ならあばら骨が脊骨につながっていないわけです。ですからなにかのショックで、木と鉄筋コンクリートがぶつかり合うようなことがあれば、いためつけられるのは軟らかいほうの木です。

薬師寺金堂の再建で、隅々まで完全復元できなかったことには、建築基準法や文化財保護法などの法的な制約があり、わたしたちの願いと体験が生かせなかったうらみがあります。

わたしは西洋の近代建築工法を否定するつもりはありません。しかし木を知り、木を生かした日本の建築技法は、千三百年後のいまも不滅です。わたしたちはその技法から教えられるだけが精一杯で、いまだにそれを乗り越えていません。ですからその技法を後世に忠実に伝えるのが、つとめだろうと考えているわけです。

心柱

むかしから「喬木《きょうぼく》、風に折らる」という言葉があります。しかしながら、天に向かって地上高くそびえ立つ大樹は、烈しい台風が襲って来ても、しなやかにたくましく、その災難をはね返します。それをはね返したからこそ大樹になれたのか、大樹だからこそはね返せるのか、それは考えようだと思います。

飛鳥の人たちは、雨にも、風にも、地震にも耐えて立つ原生林野の大樹の姿に、目を見はり、感動を覚えることもしばしばだったでしょう。そして巨木にかこまれて毎日を暮らしていたはずです。

法隆寺のお堂に、掘立式をやめ礎石式の柱を立てたことについて、この裏にどういう事情や力関係があったにせよ、そうさせた人、そうした人はえらいとわたしはいいました。それをわたしは「飛鳥人のひらめき」とも書きました。

「飛鳥人のひらめき」は、五重塔をつくるときにもおなじだった。いやそれ以上に考え込み苦心した、とわたしは思います。お堂は自分たちのお宮や住まいに、その姿かたちが似通ったところがあります。しかしひょろひょろと、細長く天空に伸びて行く感じの塔婆《とうば》というこの建物を、どうやって組み上げたらよいかと、随分苦心したことでしょう。その戸惑いの中から掘り下げ掘り下げて行き、ついに心の底から奮い立った雄叫びは、太子尊崇の信仰の力以外の何物でもなかったのでしょう。それがやがて五重塔つくりに結びついていったのは、やはり飛鳥人のすばらしい「ひらめき」だったとわたしは信じます。

その「ひらめき」は、風にしなっては戻り、また元のまっすぐな状態で立ち続ける身近な大樹から得られたものにちがいありません。塔婆の姿は、大木の幹に枝と葉を繁らせた形をしています。しっかり根をおろした大木なら、台風が来たとき枝や葉のちぎれることはあっても、幹は倒れません。根から梢まで何万何百万という細胞がしなやかに結びついていますから、虫食いや傷でもない限り、木の幹が風で折れるようなことはないのです。

掘立柱から礎石柱にと、思い切ったことをやった飛鳥の人たちが、塔婆の「心柱」では、またもとの掘立柱式に逆戻りしてしまったように見えますが、決してそうではありません。塔を枝葉が四方に繁った大木の姿になぞらえ「心柱」を幹に見たてれば、その心柱は、根が土中にしっかりと喰い込んでいるようにする必要がありました。幸い堂塔の地盤づくりには、そのころ中国から「版築《はんちく》」という方法が入って来ました。この方法は、堂塔の下になる地面の土を全部地山《じやま》まで掘り下げて、固い地山の上に良質の粘土を一寸ぐらいのせてつき固め、その上に砂をおいてまたおなじ量の粘土をのせてつき固めます。これをくり返して、基壇の上面までつき固め、堂塔の基壇をつくりました。

法隆寺五重塔の場合についていいますと、基壇の高さは地面から五尺ほど（一・五メートル）、地表面から地中の地山までもやはり五尺ほど掘り下げてあります。強靫な粘土層の地山の上に、直径八尺（二・四メートル）程度の心柱石（心礎《しんそ》）をすえつけました。心礎の中心には孔をうがって仏舎利を奉納し、その上に心柱を打ち建てたのです。

心礎の上面から基壇上面まで、心柱の周囲を長さ八尺、厚さ二寸（六センチ）、幅一尺（三十センチ）ほどのヒノキの割厚板を幾重にも巻き重ねて、心柱の腐蝕を防ぐ施工がしてありました。

心柱下の舎利孔は蓋穴の径が一尺くらい、その中心に径六寸、深さ一尺くらいのすり鉢形の穴があり、佐波利《さはり》碗に入れた銀製すかし彫りの合子《ごうし》、さらにその中に琉璃壺、壺の中に仏舎利がおさめられていました。これがお釈迦さまのみ魂です。み魂の上が五重塔でその中心は心柱です。心柱が大木の幹にあたりますから、その根元をしっかりと埋め込んだわけです。

こうした構造を持つ五重塔は永遠不滅です。だからさきにも申したとおり、建長、弘長の落雷のときにも、大事にいたらなかったのです。康安元年（一三六一）七月十一日の大地震では、塔上の相輪《そうりん》が折れて落ちたという記録がありますが、これはどういうわけかその痕跡が見あたりません。もちろん五重塔は無事でした。記録にあるだけでも四十回以上の畿内大地震がありましたが、いずれも無事でした。あれもこれも、お釈迦さまのおかげもありましょうが、飛鳥人がこの心柱方式を考え、その方式を貫き通したことに、わたしは心から尊敬の念を払うものです。

ご存じのように法隆寺五重塔は一番古いものです。少なくともいまから千二百六十余年前の和銅四年（七一一）には、すっかりでき上がっていたといわれます。

昭和の大修理によって、創建のときの心柱の根元は基壇の上の礎石にのせて固定し、それから下の基壇の中に埋もれていた部分は切り棄てられました。切り棄てられたというより、その部分は腐蝕して完全な空洞になっていたのです。五重塔の「ほら穴」とはこの部分を指しています。

大木の幹に見たてた「心柱」の根元の部分は、三尺（九十センチ）近い太さがありました。五重塔の昭和大修理は昭和十七年（一九四二）一月八日に始まり、二十七年五月十七日に終わりました。この昭和大修理の前の、大正十五年（一九二六）に「心柱」下の仏舎利の調査が極秘のうちに行なわれたことは、すでに公にされています。少なくともそのころまでに、人間が入って行けるほどの大穴になっていたわけです。

地中に固定したはずの心柱が、こういう有様になって、よく塔が地震にも台風にも負けずに立っていたものだと感心します。ところでこの腐蝕は、創建のときからわかっていたのです。法隆寺五重塔の心柱は、和銅四年の完成時に、基壇表面のあたりに腐蝕ができて、それを補修した跡が残っております。なにかの事情があって、五重塔の着手から完成までには、三十年前後はかかったといわれ、内部がすっかりでき上がるまでの間、建物は放ったらかしにされていたことも考えられます。

法隆寺五重塔の心柱は、掘立式といってもむかしのままのやり方をとったのではありません。基壇の中は粘土と砂です。そして心柱の根元には、大きな礎石を置きました。いわば、掘立と礎石の併用式でした。だから根元の腐れ防止には十分の成算があったのだとわたしは思います。飛鳥の工人たちは予想もしなかった工事の長引きで、心柱の基壇表面のあたりに腐蝕部分を見つけたとき、かなり動揺したのだろうと思います。しかし、腐蝕部分を削り取って、かわりに礎石をいくつかはめ込みました。そうして心柱を大木に見立てたはじめの考えをあくまで貫き通したのです。

あるいは、基壇表面付近から内部にかけて心柱が腐蝕したのは、飛鳥人にとって誤算だったかも知れません。しかしそれを知った上でもなお、自分たちの信念と工法を貫き通した根性はえらいと思います。それは木の特質をよく知って、それに絶対の信頼をおいたからできたのでしょう。

昭和大修理を迎えたときの五重塔心柱は、地中に埋もれていた部分だけでなく、五重目からの雨漏り、さきに述べた落雷などの被害で、傷だらけでした。それでもなお最古の五重塔の心柱として、無事に役目を果たして来たことに、わたしは本当に感心し、いたわってやりたい気持でいっぱいでした。

もちろん塔婆は心柱だけで支えられるものではありません。五重塔の基壇から相輪頂上までの総高は三十二メートル余、総重量は百二十万キロもあります。こんなに高くて重いものを、初重底部六・四一六平方メートルのところで、十二本の側柱と四本の四天柱で大部分の重さを千二百六十余年も支え続けて来たわけです。

この五重塔は、慶長と元禄の大修理で、五重目が解体修理されましたが、四重目以下は創建時のままだったことが、昭和大修理で明らかになりました。最も驚くべきことは、側柱、四天柱の礎石の不同沈下を解体後に調べたところ、

「絶対的な沈下の数値を見出すことは困難である」

と法隆寺国宝保存委員会の工事報告書に書かれていることです。いかに斑鳩の里の地盤がしっかりしているとはいえ、鉄もセメントも使わない土の地盤に、あれだけ重いものをのせて、千三百年近くも不同沈下をおこさなかったというのは信じ難いことです。

わたしは考えます。地震や台風のとき、中国から伝来した「版築」の基壇と、日本のヒノキとが、相互の粘りとしなやかさでうまくとけ合い、一体に結び合って、傷つけ合うようなことがなかったからではないでしょうか。それにつけてもこれと比較して思い出すことがあります。さきごろ岡山県水島製油所で、重油貯蔵タンクの高張力鋼板が裂けて、重油が海に流れ出した事件がありました。このタンクは現代日本の技術の粋を集めて完成した貯蔵タンクと聞きました。それが完成からわずか一年ほどで不同沈下がおき、強力鋼板が裂けたというのです。そのために瀬戸内海の漁民に大災害をもたらしました。

鉄やセメントの現時点における強さだけを信じて、木のいのちの長さを忘れたこのごろの新技術を、わたしは悲しく思います。水島タンクの事故は、新技術と新材料への盲信に対する警告のように、わたしには思えるのです。

第二章 木の魅力

木の評価

前章で西岡氏は法隆寺を千三百年にわたって支えて来た木について語ったが、その内容をわたしなりにまとめてみると、次のようになる。

一、木の魅力……木は生きものである。その一本一本にくせがあり、一つ一つがちがった語りかけをして来る。木を活かして使うには、まず木の心を読み木のくせを知る必要がある。そのことは、さまざまな性格を持つ人びとの協力によって一つの事業を完成させるのと似ている。千年の風雪に耐える建物をつくるには、木のくせを組み、人の心を組むことから始めなければならない（第二章・第三章）。

二、木は生きている……木は伐られたとき第一の生を終えるが、建物に使われたとき、第二の生が始まる。第一の生は千年を超える長いものであるが、第二の生もそれに劣らず長い。そして耐久力についていえば、木は鉄よりもその生命が長い（第四章）。

三、ヒノキと日本人……木には不思議な魅力があるが、その味わいは樹種ごとに、また産地ごとにちがう。それは人間が民族ごとに、また郷土ごとに異なった習俗や性格を持つのと似ている。ヒノキは日本人の肌に一番よく合う木であるが、それは長い歴史の中から生まれて来たものである。飛鳥の工人たちは、すでにヒノキの心を知り、それをうまく使いこなしていた（第五章）。

四、木を求める苦労……薬師寺再建のため、その用材を求めて遠く台湾にまで旅をした。台湾の山中でヒノキの大木を仰いだとき、飛鳥工人のひらめきとその苦労を知ることができた。よい建物をつくるコツは、まずよい木をさがすことにある（第六章）。

以下わたしは右にあげた項目ごとに、カッコ内に書いたようにそれぞれ独立した章を設け、わたしが行なった実験および調査を基礎にして、西岡氏の言葉を補足していくことにしたい。まず「木の魅力」の章から始めることにしよう。

「百年かかって育った木は、建物に使ったとき百年しかもたないが、五百年かかって育った木は五百年もつ」、また、「奈良で育った木は奈良で使ったときが一番丈夫である。木曾ヒノキは奈良には向かない」とも西岡氏はいう。その数字の正確さには多少の問題があるにしても、この言葉の中には、いわゆる科学的といわれるものの見方に欠けている一面を鋭く突くなにかが含まれているようにわたしは思う。

おなじ種類に属する木でも、産地により、立地によって、材質に少しずつちがいのあることはよく知られているところである。たとえばヒノキの属には世界に六つの種があるが、日本のヒノキが一番秀《すぐ》れていて、中でも木曾のヒノキは造作材として最高級だといったような評価である。

さて木のよさだが、その差は微妙で試験によって数量的にあらわすことができるほど、ちがいが認められるものは少ない。長い間の体験や「風合い」といったような感覚的判断までも含めて、右に述べたような評価に落ち着いたわけであるが、それがまた使う側の感じともよく合っているのである。

また、そこには、その木が育って来た土地で使われたときが一番秀れている、というような判断も加わっている。その意味を食べものに例をとって説明すると、次のようなことである。

すしはアメリカに行っても食うことができる。そのうえタネになる魚は大きくてかつ安い。しかしどうも大味で、日本のすしのようなコクがない。日本でとれる魚は形は小さいが、味はこまやかだから、すしとしては最高だというのが大方の評価であろう。すしはやはり日本で生まれたそれなりの背景を持っている。だから日本という風土の中で食ったときが、一番美味しいのは当然である。さらにまた長寿は食べもののカロリーの多い少ないではなく、その土地に生えているものを食べるかどうかによって左右されるともいう。そうした話にはなんとなく納得できそうなものが含まれているようである。

おなじことは木についてもいえるのではなかろうか。日本のヒノキは生長が遅いが、木目がつまっているから、材としての風格は格段に高い。だからこそ白木の建築が生まれたわけだが、それは日本という風土の中におかれたとき、一番しっくりと合っている。つきつめていえば、木曾のヒノキは木曾で使われたとき、奈良のヒノキは奈良で使われたときが、一番長持ちするのではないかということである。

わたしがそのようにいう理由は次のようである。自然の生み出したものは、気の遠くなるほどの長い時間の間に、非常に多くの因子が複雑にからみ合って、最後に落ち着いた微妙なバランスの産物である。木もまた天然の生きものだから、寒いところに生えた木は寒さに強いように、雨の多いところに育った木は湿気に強いように、それぞれの環境に適応した微妙な仕組みを持っているにちがいない。そうだとすれば、当然木を構成する細胞の中にもまた、郷土に合ったなんらかの仕組みが入っていると考えてよかろう。いまふつうに行なわれている強度試験のデータは、そうした複雑な天然の性質のほんの一面しかあらわしていないのである。生物でできている材料には計算機にのらない神秘な側面がある。それを考慮に入れない限り、木の本当の評価はできないはずである。このように考えて来ると、西岡氏のこの直観はずっしりとした重みを持って来ることになる。

ここで念のため、木を他の材料と比較したとき、どのような特性を持つかについてまとめておこう。現在人類が使っている材料のうちで、六大工業材料といわれているものは、木材、鉄鋼、セメント、プラスチック、銅およびその合金、アルミニウムおよびその合金である。これらはプラスチックを除いては、いずれも地球上に資源として存在しているもので、原料として入手しやすく、材料をつくるのも比較的容易である。この中でも木材は伐採すればそのままの形で使えるという便利さがある。

地球表面の七十パーセントは海で、陸地は三十パーセントである。その陸地の三十パーセントが森林でおおわれているから、木は地球表面の約九パーセントの陸地の中で、太陽エネルギーによってつくられていることになる。その生産量は五十億立方メートルと推定されている。現在地球上に住む人口は三十八億人で、その消費する木材の量は二十五億立方メートルであるから、計算の上では生産が消費の二倍になるが、利用できないでそのまま朽ちて行くものが相当量あるから、実際に経済的な立場から入手できる原料としてみると、資源は年々減少しているわけである。

世界的に木材の不足が訴えられ始めてからすでに久しい。そこで木を原木のまま使わないで、改良を加え新材料をつくり、この窮状を救おうという試みがなされて来た。それが木質材料といわれるものである。過去数十年間、この技術の進歩は目覚ましいものがあった。次々と新材料が生まれたのである。だが最近になって一つの疑問が持たれ始めて来ているように思う。

それは、木材というものは自然の形のままで使ったときが一番よくて、手を加えれば加えるほど本来のよさが失われて行くのではないか、という反省である。考えてみるとそれは当り前のことだったかも知れない。木は何億年もの長い時間を生き続けている間に、少しずつ少しずつ体質を変えながら、自然の摂理に合うようにつくられて来た産物だったはずである。それを剝いだり、切ったり、くっつけたりすればいいと単純に考えたこと自体、近代技術への過信だったのかも知れない。だからといって旧来のままでは、この窮状は救えない。木のよさを最大限に生かしながら、新技術を応用していくこと、それがこれからの本当の課題でなくてはならない。そういう立場に立つとき、先人の積み重ねて来た体験の中から、木のよさを生かして行く指針を学び取ることは重要な意味を持つ。古きをたずねて新しきを知る知恵がいま強く求められているのである。

木を取り扱ってみてしみじみ感ずることは、木はどんな用途にもそのまま使える便利な材料ではあるが、格別に秀れた性能を持たない平凡な材料だということである。構造材としては軽くて強いが、強度的には鉄鋼材料に遥かに劣るし、熱や電気の断熱、絶縁材料としての特長は持っているが、各種のプラスチック類はそれよりも優秀である。切削加工はしやすいが、塑性《そせい》加工という面からみれば、曲木以外は特に芸がない。酸やアルカリに対して内部は安全であるが、菌や虫には意外に弱い。まとめてみると、燃える、腐る、狂うという三つの欠点以外は、一応の及第点はつけられるが、それはせいぜい良であって優ではない。総合的にみたときどうやら優の下ぐらいになるというのが、木材の評価である。

だから一つの性能だけでみると、他の代替材料のほうがよいと思う。しかし長く使ってみると、やはり木には捨て難いよさがあるというのが実態であろう。これは鉄やプラスチックと著しくちがう対照的な性格であるが、そのゆえにこそ、長い歴史の中で一番ひろく使われ、一番長く親しまれて来たのであろう。

いま述べたように、木は物理試験のどの特性の軸をとってみても、最優秀にはならない。平均して三位か五位くらいの中間の成績である。だから優秀な材料とはいえない。つまり縦軸式の評価法をとる限り、木のよさは浮かび上がって来なかったのである。だがここで評価法を変えて、各軸の成績は中位でも、横にバランスのとれたものがよいというように横軸式で見ていけば、木は最も秀れた材料の一つということになって来る。

もめんも絹も、木と同様である。物理化学の試験をして、縦軸式評価で見ていくと、最優秀にならない。しかし繊維としての総合性で判断すると、一番秀れた糸であることは、専門家のだれもが肌で知っていることである。なべて生物材料というのは、そういう宿命を持つものらしい。

以上に述べたことは、人間の評価法のむずかしさに相通ずるものがある。二、三の試験科目の点数だけで判断することは、危険だという意味である。思うに生物は、きわめて複雑な構造を持つものであるから、縦軸だけで評価することには無理があるのであろう。西岡氏の木の話の中にも、従来の評価とはちがった意見が出て来るが、右に述べたように考えれば、納得がいくことである。

木の構造

ここで本章以下の説明を理解していただくために、しばらくの間、木の構造と生長の過程について、簡単に解説することをお許し願いたい。

人間が生きて行くためには、食べものを通す食道と、体を支える骨格と、栄養を運ぶ血管とが必要であるように、樹木もまた水分を通す組織と、樹体を支える組織と、養分を運ぶ組織とが欠かせないものである。木はいうまでもなく細胞から成り立っているが、それぞれの細胞はどのような形で、その役割を分担しているのであろうか。

まず血管の役割にあたる養分の運搬であるが、これは樹皮と木部《もくぶ》との境にはさまれた篩部《しぶ》が受け持っている。この組織は葉でつくられた養分を樹木全体に運ぶものであるが、いまここで対象にしている木材の中には含まれない組織なので省略する。ただ樹皮は樹木にとって衣服のように、外界から材を守る役目を果たしていることだけつけ加えておこう。

次に食道の役割と骨の役割であるが、針葉樹ではこれを仮道管《かどうかん》という細胞が、一人二役の形で果たしている。一方広葉樹は、組織が道管と木繊維とに分化していて、別々の役割を持っている。針葉樹と広葉樹の材質がおなじでないのはこのためである。

まず針葉樹から説明しよう。春のはじめに分裂してできる仮道管の細胞は、壁が薄くて空洞が大きい。つまり水を通しやすい形になっているのである。細胞の分裂は夏の終わりころまで続くが、その後半にできる細胞は壁が厚くて空洞が小さい。この細胞が集まって骨の役割を果たすのである。このように壁の薄い細胞の層と壁の厚い細胞の層とが、一年に一組ずつ重なりながら、木は太って行く。これが年輪である。年輪の中に軟らかい春材《しゅんざい》と硬い秋材《しゅうざい》とがあるのは、右に述べたような構造になっているからである。なお年輪の幅についてであるが、樹種や生育条件によってちがいがある。代表的な優良材である木曽ヒノキについていえば、きびしい木曽谷の寒さの中で、老木は一年に一ミリ程度しか太らない。だから材質が緻密で美しいのである。

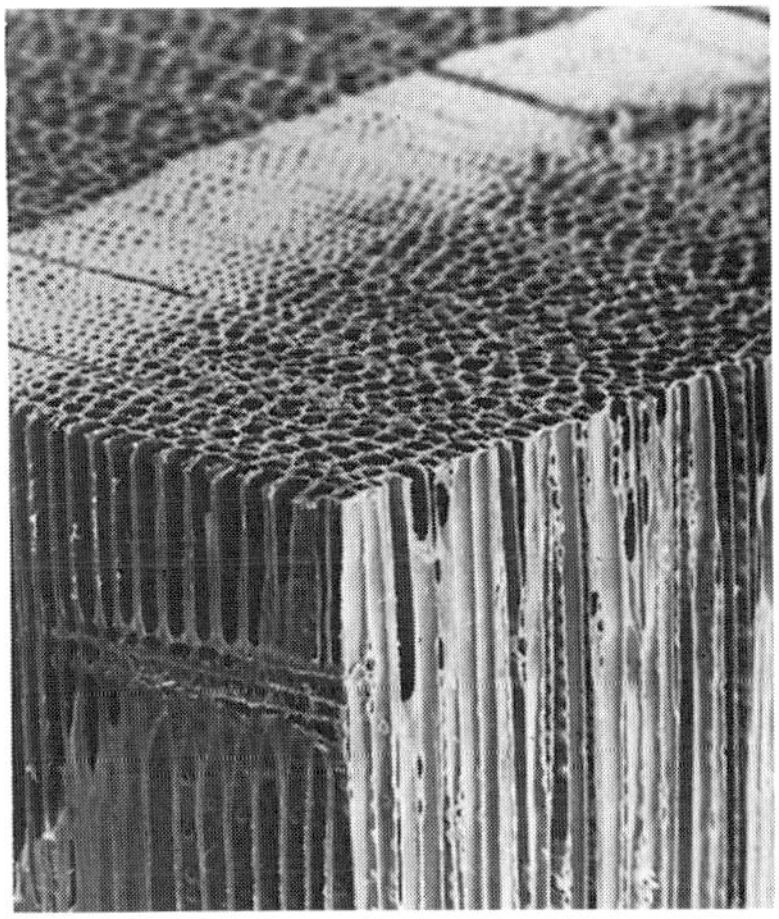

針葉樹（アカマツ）の走査電子顕微鏡写真（佐伯浩氏）

次は細胞の大きさについてであるが、紙を破いて破れ口を透かして見ると、多数のケバが見える。紙は木の細胞をからみ合わせてつくったものだから、その一本一本が細胞である。このことから大きさについては、およその見当がつくであろう。

次に細胞の形であるが、直径を一とすると長さが五十くらいの細長い中空のフクロである。細胞の壁はセルロースでできているので水は通さない。幹の中を水が通って行くのは、細胞の壁に多数の穴があいていて、水はこの穴を通って隣の

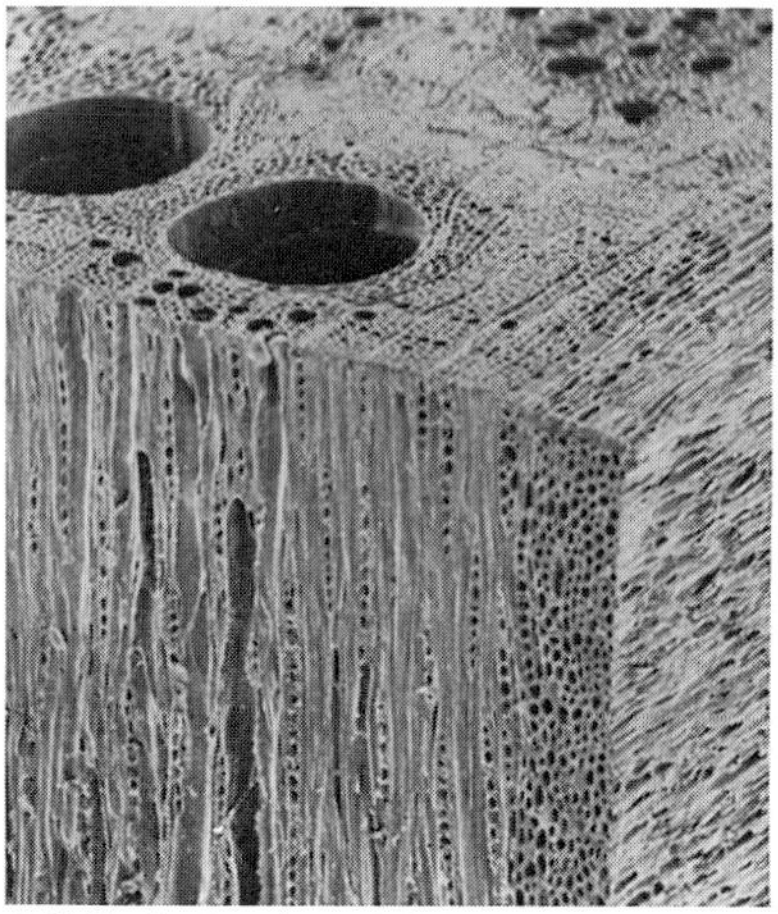
広葉樹（ミズナラ）の走査電子顕微鏡写真（佐伯浩氏）

細胞に移り、順次くぐり抜けながら根から梢の先端まで上がって行く。面白いのはこの穴の一つ一つにバルブがついていることだが、それについてはあとで酒樽を例にして説明する。

一方、広葉樹は、針葉樹よりも進化しているから、水を通す専用の道管と、樹体を支持する木繊維とがある。道管の細胞は、仮道管細胞の中空部の直径がずっと大きくなり、背が低くずんぐりした形に変わったもので、その上端と下端の壁は消失してすっぽり穴があいている。そして壁は薄い。ちょうど水道のヒューム管をうんと小さくしたような形だと思えばわかりやすい。この細胞が根から梢のさきまでずっとつながったのが道管の組織だから、幹の中には無数の細い水道パイプが布設されることになる。

木繊維のほうは、壁は厚く、壁にあいている穴もぐんと小さく痕跡程度になり、強さ専門の形態になる。さて、春になると細胞は分裂を始めるが、この時期にできる材部には多数の道管が含まれていて、水を通しやすい構造になっている。その他のところには木繊維がぎっしりつまっていて、樹幹を強固にする。この組み合わせが年輪であるが、年輪の中は全体として木繊維の割合

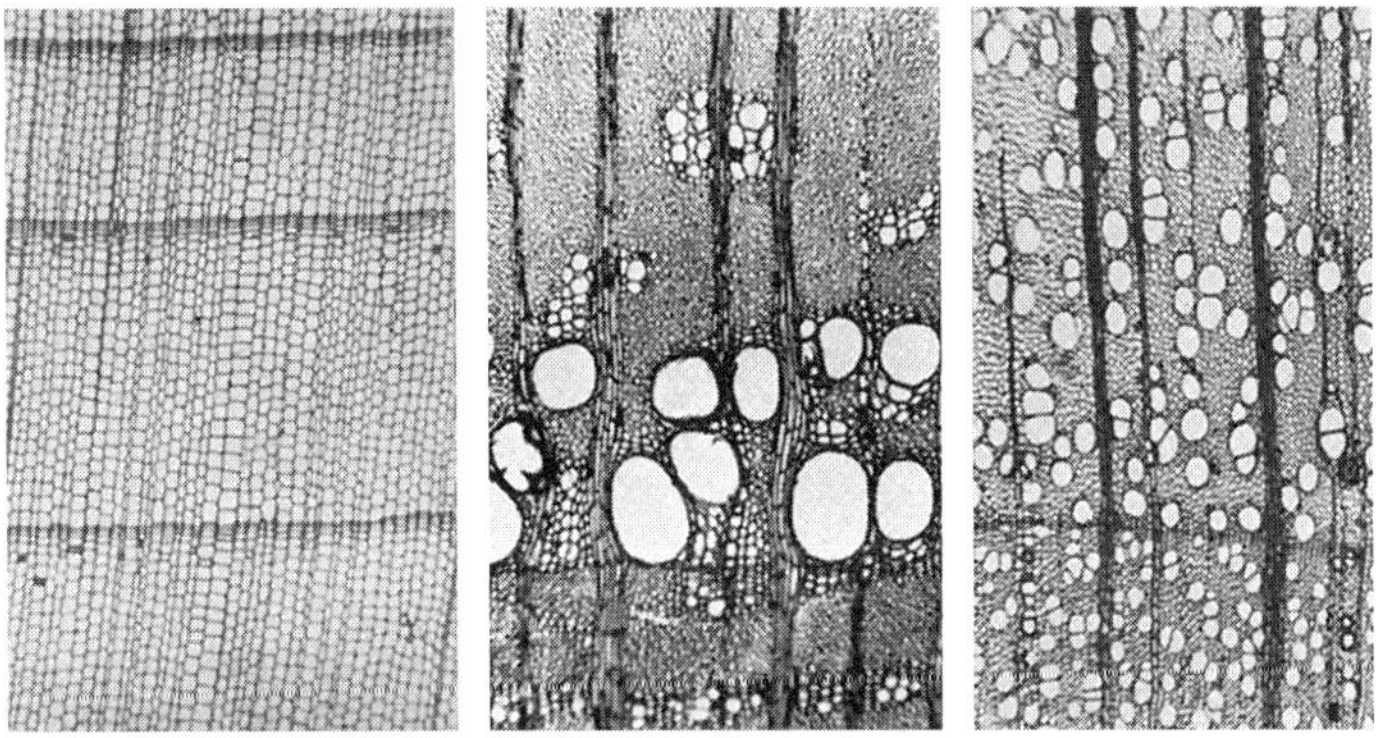

針葉樹と広葉樹の構造のちがい（木口断面の顕微鏡写真）
左から針葉樹のヒノキ、広葉樹（環孔材）のケヤキ、広葉樹（散孔材）のサクラ

が多いので、広葉樹は材が重くて硬いのである。

　以上に述べたのは垂直方向の細胞の並び方についてであるが、針葉樹の場合は、九十数パーセントが仮道管一種類で占められているので、材質は均一で軟らかく、肌合いも絵絹《えぎぬ》のようなうるおいを持っている。

　一方、広葉樹のほうは、木繊維の間に道管がばらまかれているが、その並び方は樹種によってちがう。大別すると年輪に沿って並ぶ環孔材と、全体に一様に散らばっている散孔材と、直径方向に並んだ放射孔材とに分けることができる。環孔材の例としてはケヤキ、ナラ、タモ、散孔材の例としてはサクラ、カエデ、ラワン、放射孔材としてはカシ類、シイなどをあげることができる。

　このように樹種によって配列にちがいがあるということは、材片から木の種類を識別するとき、有力な手がかりになる。材片を顕微鏡でのぞいて、それがどんな種類の木かをさがし出すには、この逆のすすみ方をすればよい。たとえば、木口を見て道管がなければ針葉樹、道管

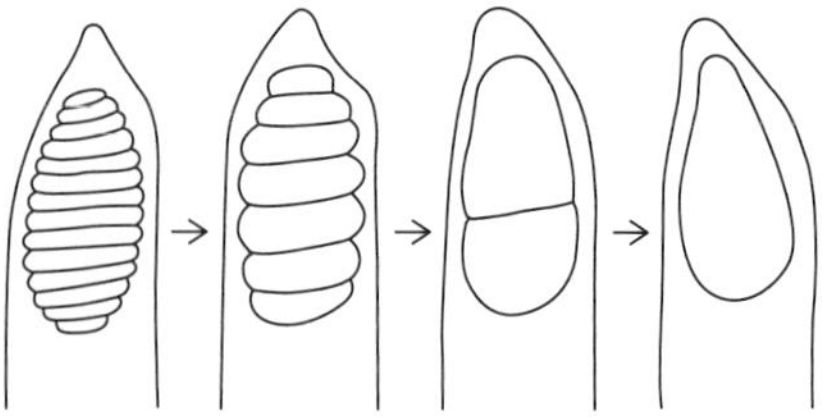

道管の端部の穿孔
左から右へ進化していったことを示す

があれば広葉樹である。広葉樹とわかったら次は道管の配列を調べて、さらにこまかい特徴を拾いあげる。そういう順序で木の種類をさぐりあてて行くのである。

　いまわたしは、針葉樹よりも広葉樹のほうが進化した組織を持つ、といったが、こんどは広葉樹の道管の端部にあいている穿孔《せんこう》を調べてみると、上図のようなさまざまな形のあることがわかる。これを見ていると、あたかも原始動物から高級な動物へと進化して行く系統図を見るようで、興味深いものがある。

　次に木の太くなって行く経過について説明しよう。細胞を分裂させる力を持っているのは、樹皮と木部との境にある形成層である。葉でつくられた養分は篩部を通ってここに運ばれて来て、細胞を増え続けさせて行く。そのとき形成層の外側には樹皮細胞が、また内側には木部細胞ができる。つまり形成層は自分がつくった内側の木部によって、外へ外へと押し出されながら、自分の外側にもまた樹皮細胞を増やして、生長を続けて行くわけである。その事情はマツを見るとよくわかる。老木になるほど樹皮は厚くなり亀甲形に割れている。それは内側の木部が太るために、もはやむかしの衣のままでは小さすぎておさまらず、はち切れて、それが樹皮の割れ目にあらわれるのである。

　このように幹は年輪の層を一層ずつ外側に積み重ねながら太って行く。だから枝は当然その中に巻き込まれることになる。それが節である。木が大きくなると下枝は高くなって行くが、それは以前についていた下枝が風などによって折れ、新しい材の中に巻き込まれるので、見かけの上で枝が上がって行くように見えているにすぎない。一度出た枝は太くなるが位置はそのままである。

以上に述べたように、幹は菓子のバウムクーヘンのような層状の構造になっている。だから幹を樹心と平行の断面でたち割ると、板の表面にはたけのこ状の木目があらわれる。老木になると年輪の幅は狭くなり、幹の断面も正円ではなくなる。それを平面の板に挽くから、板面には屋久杉のように複雑な木目があらわれるのである。

さて形成層から分裂した細胞は、間もなく死んでしまう。そしてセルロースのフクロでできた細胞どうしは、リグニンの層でしっかりと接着される。その固まりが木材である。だから薬品でリグニンだけを溶かすと、セルロースのフクロはばらばらにほぐれて来る。それがパルプである。針葉樹は細胞が長くてリグニンの層が厚い。広葉樹はその反対である。パルプをつくるとき針葉樹は処理に時間がかかるが、細胞が長いので良質のパルプができる。それは上に述べたような理由による（正確にいえばセルロースのフクロの中にも少量のリグニンが含まれている）。

さてここで、木に軽い材と重い材とがある理由を説明しよう。木はセルロースのフクロがリグニンでくっつけられた固まりである。針葉樹と広葉樹とでは、その構成要素のフクロの形に多少の差はあるが、原理的にはどの木についてもほぼおなじ事情と考えてよい。フクロの壁の厚さは、樹種によってちがいがある。薄い壁のフクロが固まった木は軽く、厚い壁のフクロが固まった木は重い。いい換えれば材の中に含まれる空気の量の多少によって、軽い木と重い木のちがいができるわけである。

空隙《くうげき》部分をなくしてセルロースだけの固まりにすると、比重は約一・五になるから水に沈む。それなのに多くの木が水に沈まないのは、浮きブクロの構造になっているからである。世界で一番軽い木はバルサで、比重が〇・一、重い木はリグナムバイタで、比重一・三である。後者は当然水に沈む。すべての木はこの間に分布しているわけである。日本のキリは〇・三。ヒノキやスギのような針葉樹は〇・四―〇・五。ブナやカシのような広葉樹は〇・五―〇・九ぐらいである。

木の強さは重さと比例する。軽い木は弱いし、重い木は強い。なぜならフクロの壁の量が多いほど、強さが増すことになるからである。以上のことは次のように考えればもっとわかりやすい。パンを焼くとふんわりとふくらんだ大きなパンと、固くて小さなパンとができる。だがつぶせばどちらもパン粉の固まりになる。ふくらんだほうのパンがバルサやキリで、固いほうのパンがブナやカシにあたるわけである。

次は水分についての話である。木の材質を考えるとき、一番関係して来るのは水分である。セルロースは水の分子と強く結びつく性質を持っている。だから完全に乾かして含水率をゼロにするのは、実験室の中だけの話で、ふつうの大気中では木は自分の目方の十五パーセント程度の水分を含んでいる。ただし周囲が乾燥して来ると水分は減るし、湿って来ると増える。実際に建物に使われている木はふつう十二―二十パーセントの範囲を往復していると考えればよかろう。

木は水分を吸うと膨れるし、水分をはき出すと縮む。それは細胞の壁の中に水の分子が入ったり出たりするためである。この伸び縮みの量は方向によって大きくちがう。それを比率で示すと、縦方向を一とすれば、横の柾目方向は十、板目方向は二十である。つまり縦方向の寸法はほとんど変わらないが、横方向には大きく伸び縮みするということである。この、方向によるちがいによって製品の形がひずむことを、狂いという。だから木を組むときはそのくせを読み、狂いをうまく逃がしてやるように考えなければならない。木がセルロースである限り、吸湿性は本質的なものであるから狂いもまた避けることはできない。吸湿性を取り去ったとき、木はもはや木ではなくなってしまうおそれがある。

なおここで乾燥について書いておこう。生木は多量の水を含んでいるから、割材にすると乾いて来る。乾くと縮む。縮みが一様でないから割れる。これが乾燥の経過である。乾いた木が湿める場合はこの逆である。これはむかしから、木を扱う人が絶えず戦い続けて来た課題であった。薄い板ならまだしも太い丸太になると、乾燥はいっそう厄介である。なぜなら丸太は表面から乾き始めるので、乾いた表層だけ縮もうとする。だが内側にはまだ水分が残っているから、表層の縮むのを邪魔する。そこで表面は引っ張り合い、ついに割れ目が入るのである。

北山の磨丸太《みがきまるた》には、裏側にはじめから背割りと称する鋸の切れ目が入れてあるが、これは表側に割れが出るのを防ぐためである。彫刻についても同様である。平安初期には一木《いちぼく》づくりの仏像が彫られたが、その内側を見るとすっぽりと刳《く》り抜いてある。これも割れを防ぐための対策であった。

建物に使う用材についていえば、むかしは輸送に時間がかかったから、板はその間に乾燥することができた。だが柱はなかなか乾かないので使用後割れが出る。そこで対策として水に浸けて乾燥する方法を考え出した。生木の丸太を水に浸けておくと、樹液と水が入れかわる。水のほうが乾きが早いので割れも少なくなるのである。西岡氏が用材を水に浸して乾かしたというのはこのことである。

針葉樹と広葉樹

前項でわたしは、幹は水を通しやすい構造になっていること、とくに広葉樹では道管という多数のパイプが含まれていることを書いた。その証拠には、タモなどは木口に口をあててタバコを吹くと反対側に煙が出て来る。アピトンを木口方向に使って椀をつくると、水はぽたぽたと漏れてしまう。これは当然のことである。そこで次のような疑問を持たれる方もあろう。日本酒はスギの樽で醸造する。またウイスキーはナラの樽に入れて長い年月のあいだねかせておくというが、もしわたしのいうようであれば酒が漏れて空になってしまう。水槽も水が漏れては用をなさないはずである。立木の間は根から梢まで水が通っているのに、伐り倒してしまうと水が通らないというのは、いかにも不思議な話ではないかという疑問である。それには次のような秘密がある。

　針葉樹の仮道管の壁に多数の穴があいていることは、さきにも書いた。この穴の一つ一つにバルブがついているが、もはや水を通す必要がなくなると、バルブは閉じられてしまう。だからスギの樽は酒が漏らないのである。このメカニズムは広葉樹についても同様である。水を通すためにできた道管でさえも、その用がなくなると木が生きている間に分泌物でふさがれてしまう。この閉じられ方の度合いが、実は樽材としての適否の分かれ目になる。ウイスキーは厚い樽材を通して、ごく僅かな空気の呼吸が必要である。そうした条件のもとで貯蔵されている間に、味にあの独特のまるみがついて来る。この呼吸の度合いがきめ手になるから、樽材として白ナラは使えるが赤ナラは使えない。空気の呼吸がよすぎて酒が漏れてしまうためである。

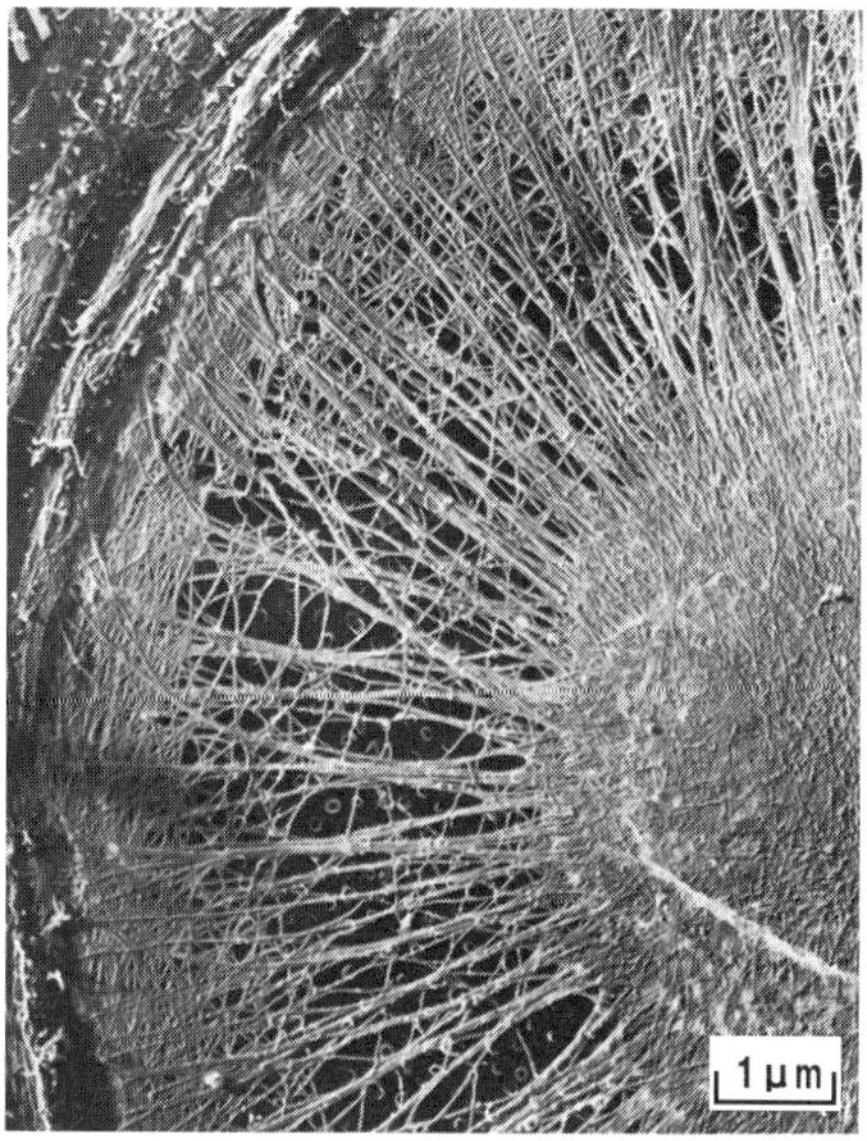

仮道管の壁孔の電子顕微鏡写真（スギ、今村祐嗣氏）
写真は全体の約４分の１。中央部のフタが細い糸で周囲に吊られている。水はここを通るが、フタが下がって裏側にある孔をふさぐと通らなくなり、バルブの役目をする

　近ごろ印刷技術の発達によって、ちょっと目には自然の木とまったく区別がつかないほどの巧妙な化

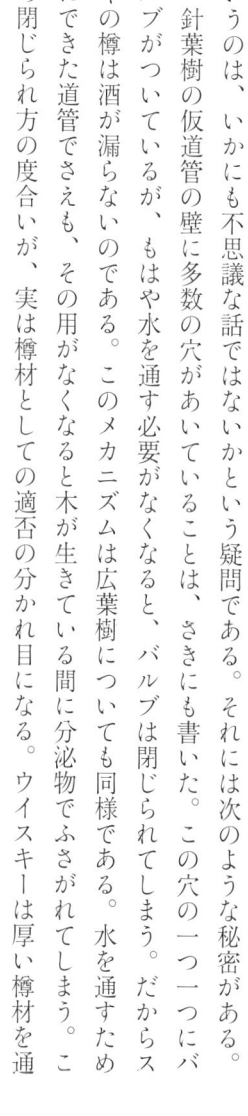

粧板ができるようになったが、本物の木と印刷の木目とがやはりどこかちがうのは、一方にはこうした造化の神の微妙な仕組みが含まれているからである。木はやはり生きものなのである。

木が水を吸うところは根である。だから根は木の心臓といってよいだろう。だがわたしたちは地上にあらわれたところだけを木と思ってしまう。幹の下の暗い土の中にかくされた根を見なければ、木のよさはわからない。根のよしあしは土によってきまる。木は土を食べて生きているからである。だから西岡氏は土を見よという。飛鳥の工人たちはまず土を見て、根を通して吸い上げられる水の音を聞き分ける心構えで、よい木を選んだのであろう。

前項についてもう一つ説明を補足しておきたい。さきにわたしは、広葉樹は針葉樹よりも進化したものだと書いた。ふつう進化というと常によい方向に向かっているように思いがちであるが、必ずしもそうでない場合もある。それを木について見てみよう。

木本系《もくほん》の中で一番原始的なものはソテツで、次はイチョウである。これらはいずれも雄の木と雌の木とがある。地球上にはこのあとに針葉樹のヒノキやスギがあらわれ、さらにずっとあとになって広葉樹が出て来たわけである。ところでその広葉樹も初期の段階ではナラやブナのような樹種であった。だが進化がすすむにつれて次第に矮小な種類のものになり、庭木のように小さなものになって行った。これが木本系の進化の経過だそうである。

そのことから気がつくのは、ごく原始的なものも、あまり高級になりすぎたものも、ともに実際の役に立っていないということである。むしろ進化の初期的な針葉樹や、それに近い一部の広葉樹のほうが実用材として役立っている。

これは甚だ示唆に富む話だ。歴史をみると、ある民族が興隆したとき、またある一族が世に出るときというのは、むしろ力の充実した原始に近い初期の段階である。坂をのぼりつめて爛熟期に入ると、やがて衰退への道をたどり始める。考えてみると、大きいことはいいことではないし、豊かであることも必ずしも幸福を意味しない。繁栄への道は実は衰退への道につながっていくかも知れないのである。

生きものにとっては、少しくらい物が足りない程度がちょうどよい。満ち足りてノホホンとしていられるようになったら堕落するという意見があるが、顕微鏡をのぞいていると、木はその教訓をわれわれに教えてくれているようである。

あて

木には意志がないから、生育の様子を見ていると、生物社会のある側面をそのまま正直にあらわしていることが多い。その二、三の例について述べよう。

スギを密着して育てると、やがて生存競争が始まるが、その中に少しでも伸びのよいものが出ると、樹冠が伸びて隣の木の陽あたりは悪くなる。陽光が減ると生長は鈍くなるから競争条件は悪化し、ついに戦列から落伍していわゆる被圧木になってしまう。競争に勝った木はますます伸びるが、これも密植した状態におかれているから、根元のほうには陽があたらない。そのため下枝は枯れ落ちて、幹は無節で元も末もおなじ太さの材になる。つまり同形同質の木ばかり育つことになるので、電柱の用材などにするにはこのやり方は都合がよい。

一方、庭のまん中に一本だけ生えている木は、陽光が全体にあたるから、幹は根元が太く先細りの円錐形に育つ。下枝がいつまでも落ちないから節も多い。一本一本の木は形も材質もばらばらだから、ふつうには用材としては使いにくいが、個性のある板がとれるので、用途によっては使い道がある。考えてみるとこれは教育に似ている。密植は学校教育にあたり、孤立木は個人教育にあたるわけである。西岡氏は木のくせを読めというが、それはこうした点を指しているとみてよかろう。

樹木を育てるには、ある程度の保護は必要だが、それも度を越えると弊害をともなう。自然に生えた森林を見ると、ある一種類の木だけで独占してしまっているというようなことはまずない。いろいろな木が混じり合って一つの林をつくっているのである。

人工林というのは、下草や雑木を切り払うことによって成り立たせるものである。造林地に木を密植すると、陽光を通さないから下草が生えない。また生えてもそれに養分を取られては困るから、造林の効率をよくするために刈り取ってしまう。その過保護がやがてアダになって返って来ることになる。

たとえばヒノキの造林であるが、落葉すると葉はウロコのようにこまかく分かれるから、雨が降ると流れてしまう。自然林なら下に生えている雑木の落葉に覆われて、そのまま腐朽し、やがてふたたび木の栄養分として吸収されるはずであるが、下木がないために雨のたびに洗い流されて、地表は常に裸地になっている。つまり目先のソロバンに追われて雑木や下草を取り除いた過保護は、結局は木のためにならず、山の破壊にまでつながるということが、いま憂慮され始めているのだという。

「保護をすれば弱くなる」、というのは生物学の原則である。思うにむかしは過保護しようにもできなかったけれども、いまはなんでもできる。だからといってただ大事にするだけが、真の幸福につながるものではない。そのことを木は黙って教えているようである。

樹木のあて

作物に「嫌地《いやじ》（忌地）」というのがある。これも示唆に富む話だ。おなじ畑でナスを連作すると病気が出るが、二、三年ごとにほかの作物をつくることによって、病気を予防することができる。「新しい酒は新し

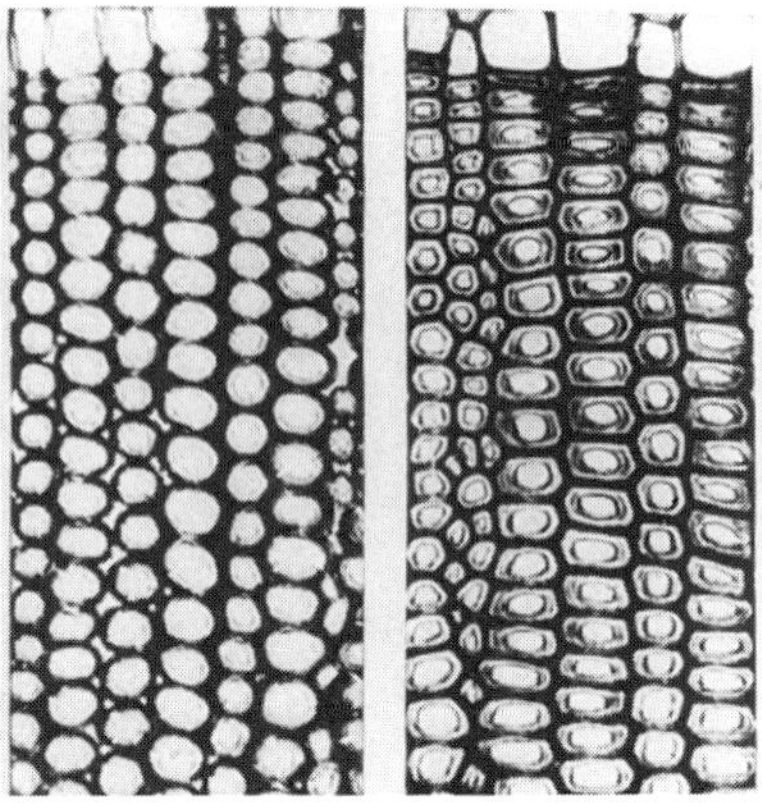

あての細胞の木口断面

あて（左）の細胞は普通材（右）に比べ、円形で壁が厚い

い革袋に」というのとおなじ戒めである。草花も純系を保つために自花受粉をくり返して行くと、だんだん弱くなって、ついには種属の滅亡につながるという。種属の発展の原動力は他花受粉にあるというが、これまた興味深い話であろう。

さてここで、「あて」の話をしよう。斜面に生えている樹木を見ると、地面からいきなり鉛直方向に生えていない。根元のところでいったん斜面に直角に近く出たのち、空に向かって鉛直に伸びている。つまり根元は弧をえがいているのである。この弧状の部分の切株の断面を見ると、斜面の下側寄りの半分は年輪幅が広く、上側寄りの半分は年輪幅が狭い。つまり樹心は上側のほうに片寄って、下側が多く生長しているのである。

この下側の広い年輪の部分の細胞は、ふつうにあてといわれる部分であるが、ここの細胞は硬くて強い。加工しにくいうえに狂いやすいので、用材としてはきらわれる。あてのできる理由は次のようである。

鉄筋コンクリートの梁をつくるとき、圧縮に強いコンクリートは上側に、引っ張りに強い鉄筋は下側に配置するが、あては樹幹の中でこのコンクリートの役目を果たし、力のバランスをとっているのである。あては木を使う人間の側からいうと厄介なものということになるが、木の側からいえば、生存していくうえでなくてはならない構造である。なぜなら樹体を支えるため、常にひずんだ荷重を受けながらそれに耐えている部分だからである。

(注) 木材組織学でいうあてとは、顕微鏡的に細胞の形が異常になっている部分をいうが、ここでは大工、木工が実用的な立場でいう、切断したとき狂う木という意味にして説明してある。

以上に述べたのは針葉樹についての話であった。ところがおなじ樹木でも広葉樹の場合は適応の仕方がちがう。たとえば枝についていうと、枝の下側に圧縮力が働くが、広葉樹の場合は上側のほうに引っ張りに対して強いゼラチン質の細胞組織ができて体積を増し、外力に釣り合う構造になっている。このように外界から刺激を受けていると、いつの間にかそれに適応するように組織がつくられて行くということは、いかにも木が生きているという実感を与えるものである。

以上は、あてのできる代表的な場合の理由を説明した。実際の立木はいろいろな原因で傾いたり曲がったりしたものが多い。そのため幹にかかる荷重は、幹の中心線の対照形にはなっていない。この場合圧力のかかる側にあてができて、そのひずみを補正するのである。したがってふつうの木の中にも、部分的にあての含まれることがしばしばある。西岡氏の述べているあてはこの部分のことである。

ところでこのあては、単に木のみを対象にした言葉ではないようである。柳田国男氏によれば「……大工がアテというのは樹木の日蔭に向かった側面で、生長悪く木質の素直でない反りやすい部分であるという。この村では痩地の作物に適せぬところをアテといい、あの畑はアテだからいかぬなどという」と書かれており、その後諸国を調べたところ、アテラという地名は山の蔭で日光の十分でない地を指すことがわかった。これはおそらくアテから出た言葉であろうというのである。興味深い話であるから付記した。

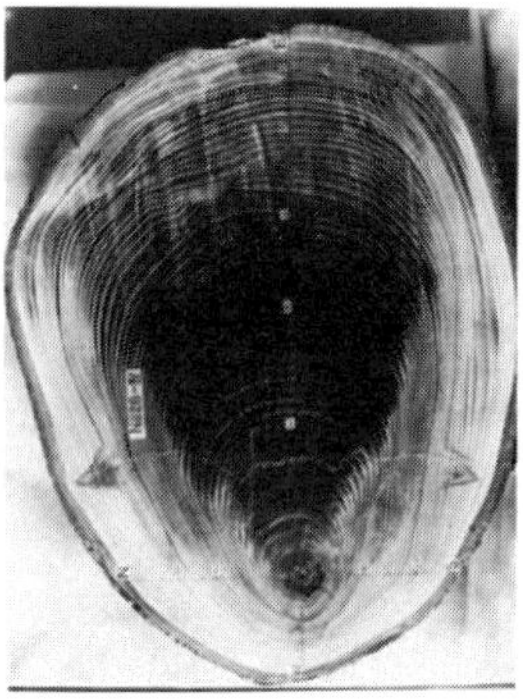

あて（上）とあての狂いによる割れ（下）（林業試験場材質研究室）

木の強さの秘密

わたしはこれまで「木のような原始的な素材は」という言葉をしばしば使ってきた。だが詳しくみていくと、とてもそんな傲慢な呼び方は許されそうもないことに気がついた。そのことを強さを例にして説明しよう。

軽くて丈夫なものの代表は竹であるが、その構造はまことに微妙である。短期間にあれだけの大きさに生長しなければならないけれども、細胞の量には限度がある。木の幹のようにまん中のつまった形をとれば、細い棒状にしかなれないので、全体をしっかり支えることができない。中空のパイプ状ならおなじ細胞の量でも直径が大きくなるから、剛性をずっと高めることができる。ところがパイプ状のままでは、曲げられたとき挫屈《ざくつ》をおこしてパイプがつぶれてしまう。そこでこれを防ぐために節ができた。節の間隔は竹の種類によって、それぞれ押しつぶされないように、寸法がきまっているのである。また竹の幹の構造は、弱い柔組織と強い維管束でできているが、量の上で約六十パーセントを占める維管束は、表皮に近いところには多く、内側には少なく分布している（一〇九ページ図）。つまり幹の断面でいえば、外側に向かうほど強化されているから、このパイプ状の構造はいっそう効果的に働くのである。竹が軽くて丈夫なゆえんはここにある。人間の骨もまた同様である。内側はカルメ焼（カルメラ）のように空洞になっているが、外側が硬いから軽くて丈夫である。中味がつまっていたら重くて折れやすい。

ところで木材の細胞は、さきにも述べたようにセルロースの細長いフクロであった。このフクロはきわめて小さいけれども、形は竹の幹とおなじである。しかも両端は先細りになっているから、パイプがつぶれることはない。この部分は竹の節とおなじ効果を持っているのである。こうした細胞が無数に組み合わさって、それをリグニンで固めたものが木だから、木を拡大して見ると、竹を束にして固めたものよりもっと丈夫な構造になっているわけである。

さらに詳しく細胞を見て行くと、もっと驚くことがある。細胞のフクロは雄型と雌型との間に、トコロテンを流し込んですっぽり抜いたような単純なものではない。細胞が分裂してから死ぬまでの間に、原形質が活動してつくりあげたのが細胞だから、壁には生きていたあかしが残っている。それはちょうどカイコが口から糸を吐きながら、その内側に自分が入って、マユをつくりあげて行くのと似ている。マユの糸のからみ合いはカイコの動いたあとを示すが、細胞の壁にも生命の営みが刻まれているのである。

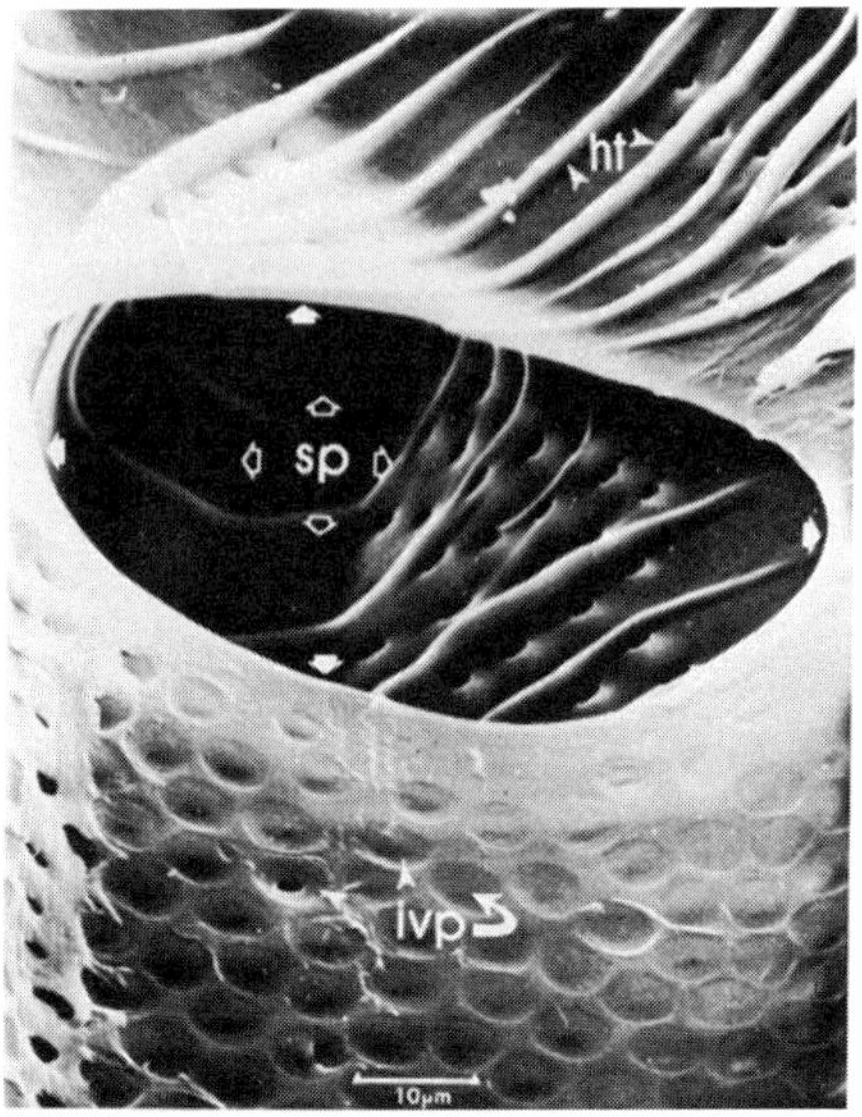

細胞の内側を撮った走査電子顕微鏡写真（H. A. Coreら）

　電子顕微鏡で細胞壁の構造を調べてみると、壁は何枚もの薄い層の重なりで、各層はある角度で交叉しながら、幾重にも重なり合っていることがわかる。この場合層を構成する糸状の単位は、セルロース分子が集まってできたものである。細胞壁の構造をもう少しわかりやすく説明すると、次のようである。太い糸を平行に何本も並べて糸どうしを接着し、やや厚めの布地をつくる。次に細長い棒をとりあげ、棒の周囲にこの布地を斜め方向にして一層巻きつける。その上に接着剤を塗り、糸の角度を変えて布地をもう一層重ねる。こうして何枚か重ね合わせたのち、中心の棒をすっぽり抜くとフクロが残る。これが細胞だと思えばよい。ただしこのフクロは水を通さないから、壁にはところどころに穴があいている。だがその穴もただ刳り抜いただけでなく、穴の周囲に沿って円形に糸を並べて強化したのち、中央に残った穴の部分に、水の通過を調節するバルブがついているのである。このことについては酒樽のところで述べた。

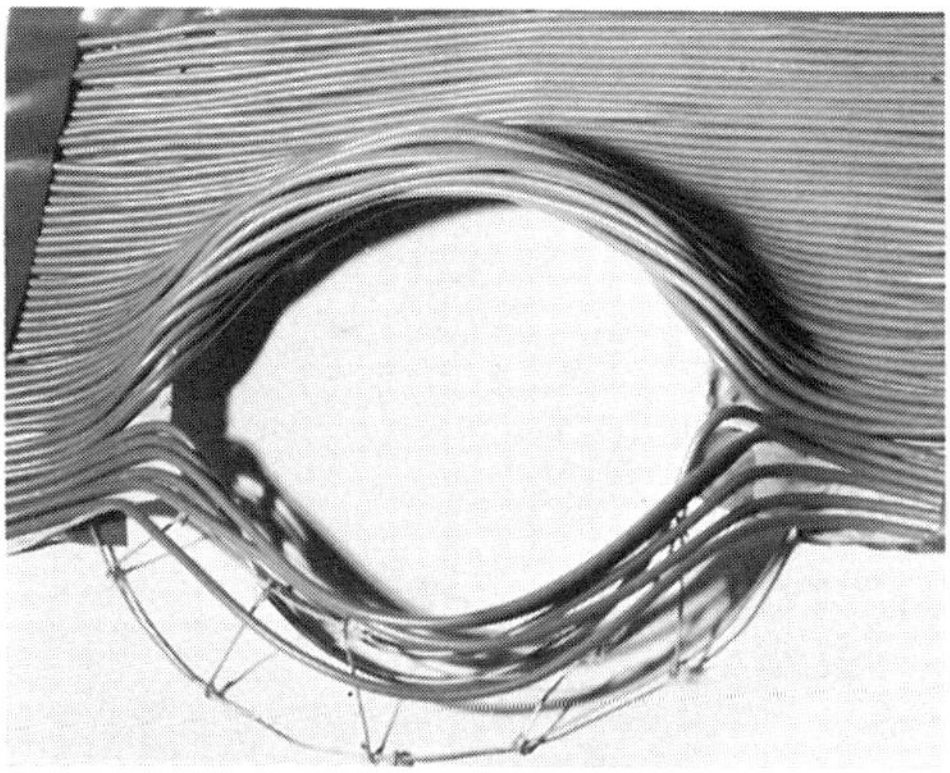

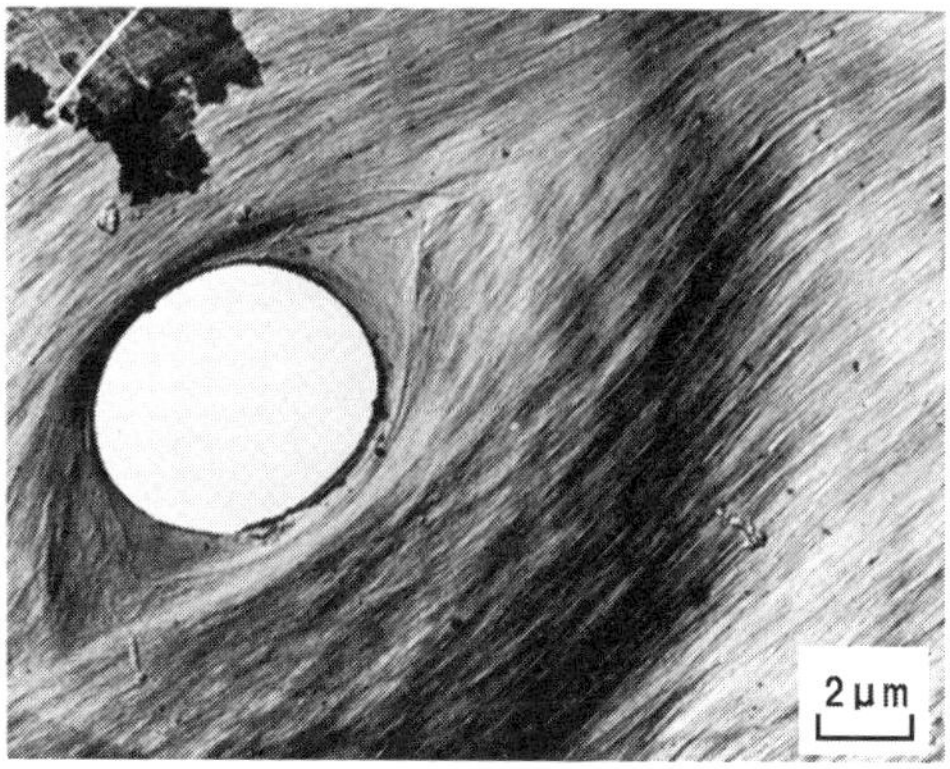

壁孔の構造（上図は模型。今村祐嗣氏）

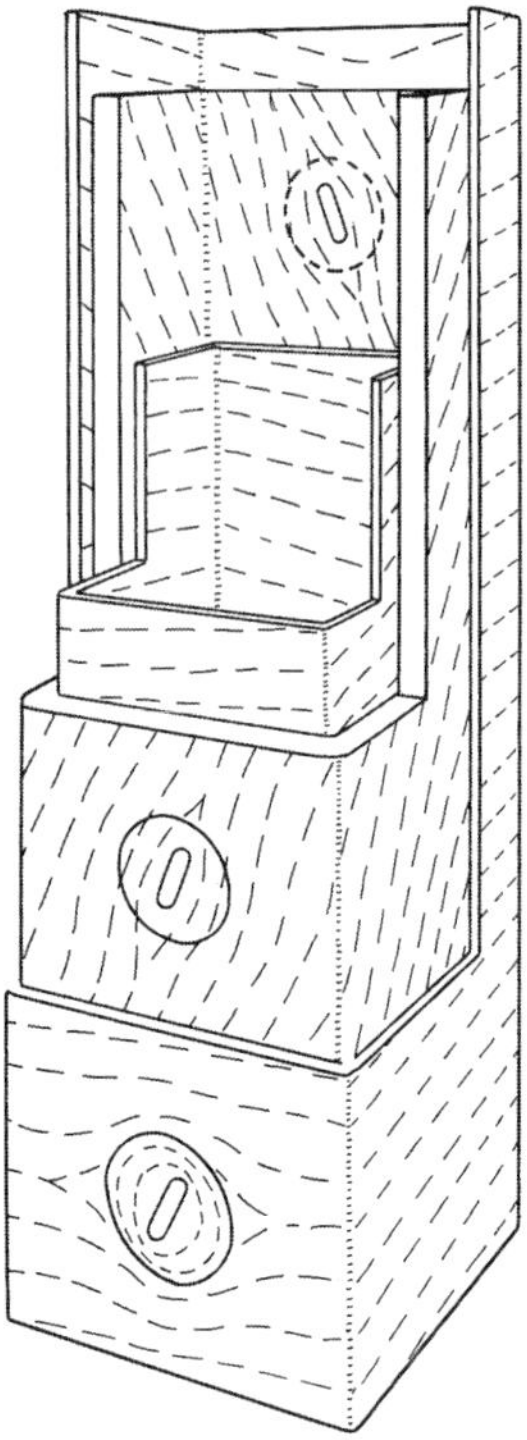
細胞の積層構造の模式図（H. P. Brown ら）

ここでわたしが説明したかったのは、細胞は微妙な積層構造になっているということであった。わたしたちが木で構造物をつくるとき、一枚板でつくると方向性があるために弱い。板を薄く剝いで、繊維方向を変えて重ね合わせ、合板にして使うと格段に強くなることを知っている。ところが細胞の壁は、あの小さなフクロでありながら、合板とおなじ積層構造になっているのである。最近の電子顕微鏡や、走査型電子顕微鏡の技術によって、わたしたちはこの神秘的な構造を目のあたりに見ることができるようになった。細胞の内側を撮った拡大写真などは、パリの下水道のトンネルの内部かと思われるほどに見事なアーチ形構造になっている（写真前掲）。まことに造化の神の不思議さに感嘆するほかはない。

以上は一つをとりあげて、その構造の合理性について述べたが、さらに大きく全体を組織というとらえ方をしてみていくと、もっと驚くことがある。落葉灌木の一種におにしばりというのが

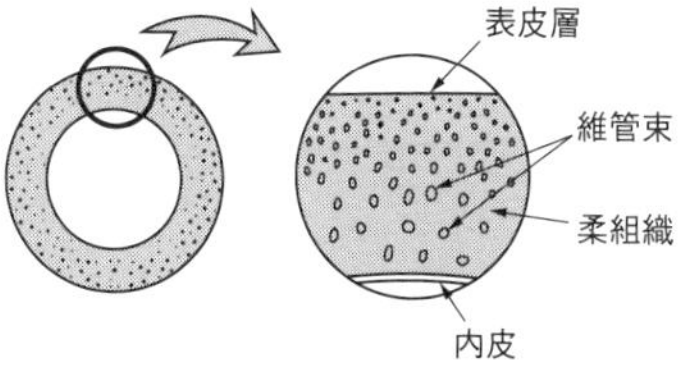

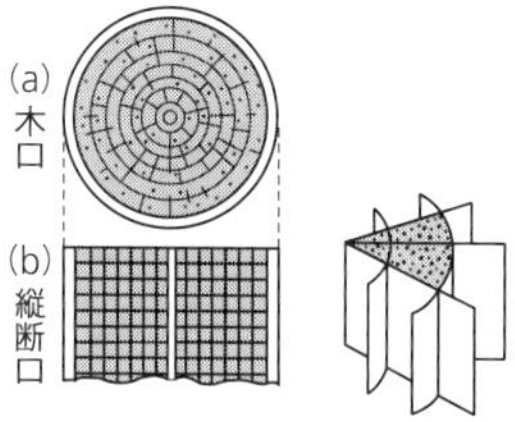

竹の幹の断面とおにしばりの構造

ある。これでしばられたら鬼でも解けないという由来から、この名がつけられたそうだが、実験によると、若木は何回くり返し曲げても折れないし、断面もつぶれないという報告がある。茎の断面は上図のようになっていて、硬い枠型の中に軟らかい組織が包み込まれているから、いわゆる複合材料としての効果が発揮されているわけである。

　木材もまたこのような構造になっている。いまヒノキを例にして、大《おお》釜敏正《がまとしまさ》氏が実験した結果を紹介しよう。木口断面で見ると、一つの年輪の間に春材と秋材があり、それと直角方向に放射組織が走っているから、これを模式図で示すと次ページ図のようになる。それぞれの面積比は約九：〇・五：〇・五である。さてこれらの各部分の引っ張り弾性係数を、それぞれ独立して測ってみると、その比率は約五：七：十であった。ところがこうした形に組み合わされた全体を、複合材料という立場で測ってみると強さは約三倍になった。つまり軟らかくて弱い春材に、秋材と放射組織の枠組みをほんの少し加えただけで、全体の強度は三倍にもあがっているということである。木が年輪の構造をしているということは、実はこうした複合材料としての効果を発揮させるために、大きな役割を持っているのである。

ふつうに使われる材料の中で、一番強いのは鉄鋼であるが、単位重量あたりの強さでくらべると、木のほうが強いことがある。とくに挫屈に対しては著しい優秀性を示す。それは上に述べたような構造を持っているためである。

もう一つ木の不思議さを語る例をあげよう。木が生きている証拠として、前項であてについて書いた。その中であてはあばれたり狂ったりするので、使う側の者にとっては厄介だが、木の側からいえば生きて行くためになくてはならない組織だということを

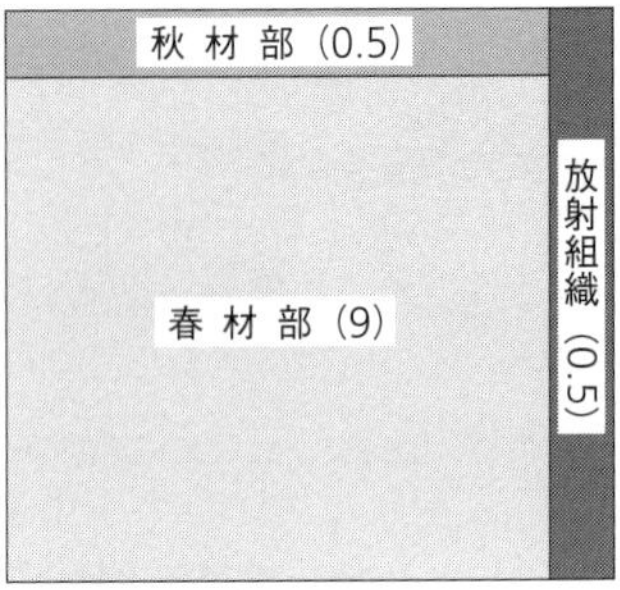

木材組織の構成

述べた。ところであての意味を次のように考えると、もう一つ興味が深い。建築では構造用としてプレストレストコンクリートというのを使う。これは予め鉄筋に逆の力をかけて、そのままコンクリートの中に埋め込んだもののことである。いまコンクリート板に力がかかると、予め鉄筋にかけられていた力は次第に減って行って、ゼロになったときからふつうに荷重がかかったときとおなじ働きをするので、ずっと大きな荷重に耐えることができる。自動車の前面窓に使う強化ガラスもこれに似た原理を応用したものである。

ところであてはもともと立木の状態で、ひずんだ力のかかっているところにできる組織であった。だからプレストレストコンクリートを製造するときとおなじ条件が与えられているはずである。したがって生きてそのままの形でいる間はバランスが取れているが、周囲と切り離されてし

まうと、内蔵されていた力が動き出して、あばれたり狂ったりするのである。あての細胞を顕微鏡でのぞくと、形が丸く壁は厚くふつうの細胞とはちがった構造になっているが、それは予め上に述べたような条件が与えられていて、それに適合するようにつくられたからである。

はじめにも書いたように、木を原始的な素材などと呼ぶのは誤りだったと思う。強度という項目一つをとりあげただけでも、底知れぬ神秘さを持っていることに驚く。それは気の遠くなるほどの長い進化の歴史の中で、ものいわずに自然に適応して来た結晶といってもよいものだったのである。

最近複合材料の研究が盛んである。日常使われるガラス繊維強化プラスチック（GFRP）もそうだが、自動車のタイヤに使う繊維強化ゴム（FRR）もそうである。航空機や宇宙船には、もっと強くて軽い材料の開発が必要である。そうしたもののヒントは、生物体の機構の中にひそんでいるという。オートメーションの手本が意外に低級と思われている生物体の中にあるように、生きものの中には自然への適応の結晶がひそんでいるのである。木もそうした素材の一つである。だから人造木材はどんなによく見えても、われわれをひきつけるなにかが欠けているのである。

木目の履歴

年輪は一年ごとにできるから、その中には木の履歴が刻み込まれているはずである。いまそれを法隆寺五重塔心柱材を例にして調べてみよう。この五重塔は掘立式で、心柱の基部は土中に埋められたが、腐朽して空洞になっていた。先年の修理のとき、地下部は埋め地上部を根継ぎして、塔は往時の姿に復元した。そのことについては第一章で西岡氏の述べているとおりである。心柱は頂上の九輪までを三本のヒノキの大木が継いであった。最下部の柱の腐朽した部分と、再建に使用した部分との境から、厚さ約十センチの円盤を切り取って、柱の年輪を調査することになっ

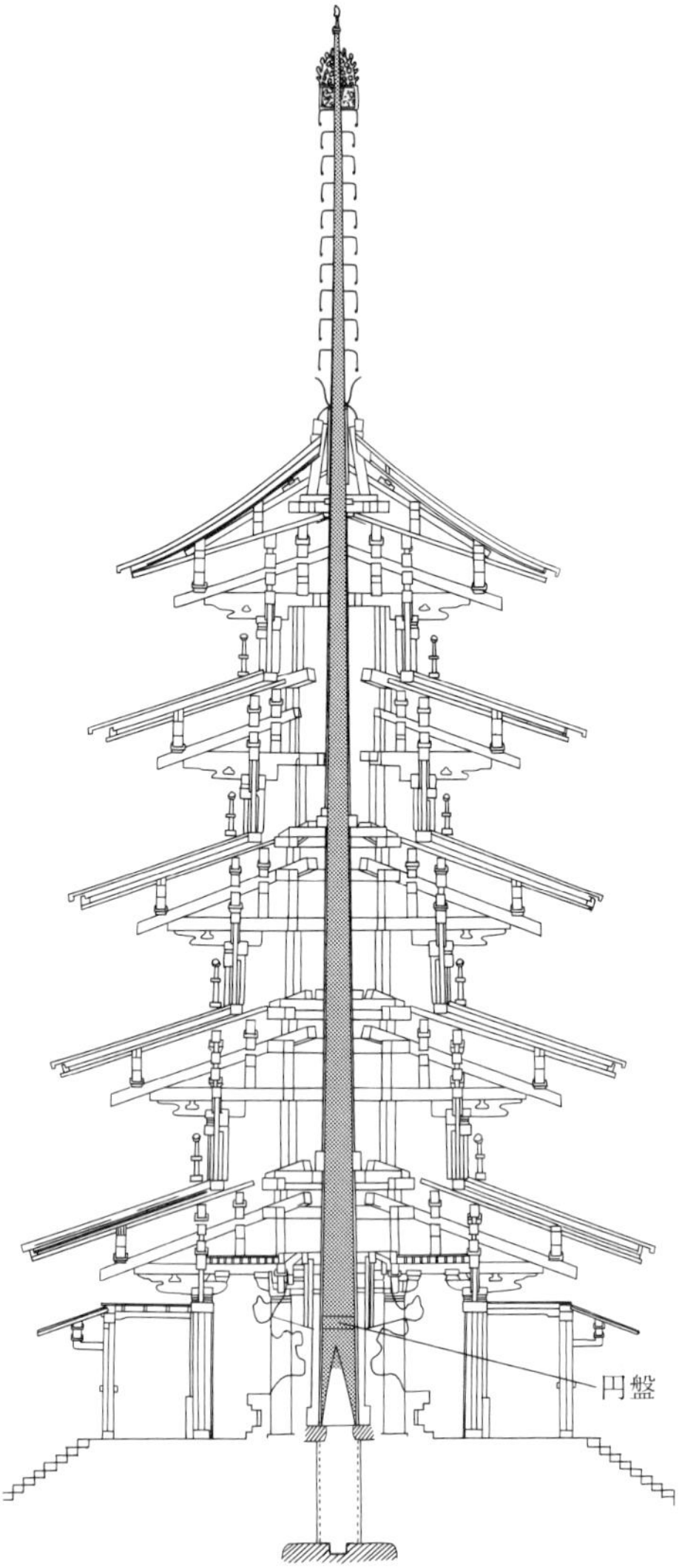

五重塔と心柱の円盤の位置

た。その目的は次のようである。

樹木の年輪には広い狭いのちがいができるが、その生因についてはいろいろな説がある。たとえば太陽の黒点と関係があるというものや、気象の歴史をそのままあらわしているというアメリカのDendrochronologyの考え方などがその代表である。今回の修理で、由緒正しい材が得られたので、その履歴をたどれば、法隆寺の創建年代を推定するなんらかの資料が得られるのではないかという関野克《せきのまさる》博士の意図によって、これが調べられることになった。調査は故尾中博士とわたしとがあたった。結果を要約すると、年輪からだけで建立の年代を推定することはむずかしいということであった。その理由は、樹木は種類によって根の張り方にちがいがあり、マツのように垂直の根を深くおろすものや、スギのように浅く水平に根を張るものがある。だからある年に雨が少なかったとしても、土中の深いところで水を吸えば、生長が衰えて年輪が狭くなるとは限らない。アメリカの砂漠のような地帯では、気象がそのまま年輪にあらわれることがあるけれども、日本のような気候条件のところでは、もっと多くの資料が整わないと推定はむず

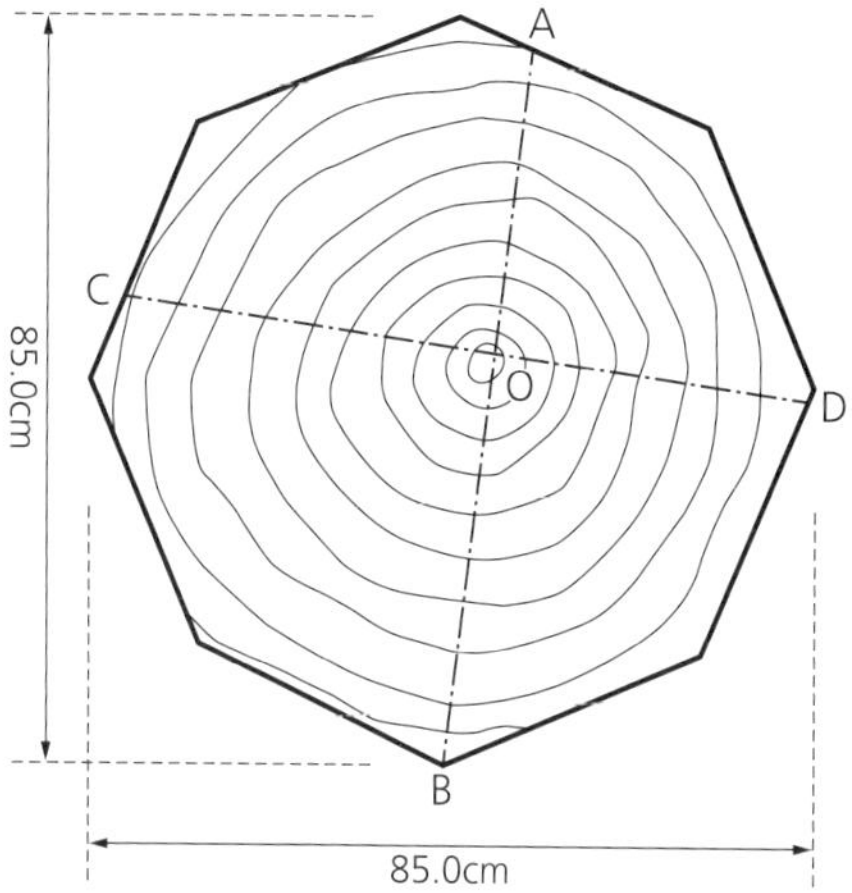

心柱の円盤の模式図

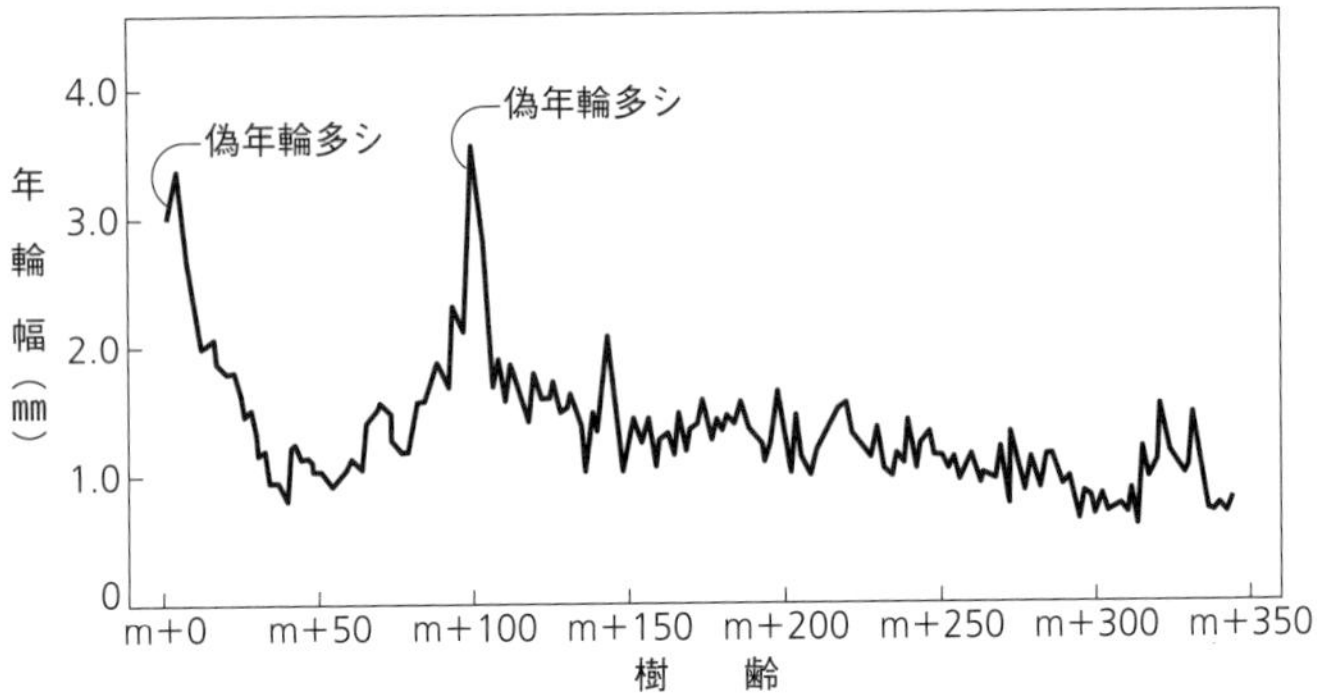

心柱材の生長の経過

かしいという意味である。しかしこれを調べているうちに、二、三の興味ある事実がわかったので、それを紹介しておこう。

まず産地についてであるが、さきに三好博士は木材解剖学の立場から、大杉谷のヒノキに近い材質のものであると述べている。われわれも伐採地までは識別できないとしても、近畿系のものと考えて差支えないと判断した。

次に樹齢について述べよう。円盤の年輪数は三百四十四であった。したがって心柱の樹齢はm＋三百四十四＋n年になる。ここのmはこの木が生えてから円盤の中心の第一番目の年輪に生長するまでに要した年数、nは削り落とされた外側の辺材部分の年輪数である。mについては佐藤弥太郎博士の推測によって、三十―五十年という数字が出た。次にnについては、辺材率について詳しい矢沢博士の鑑定によって、五十―六十年と推定された。この結果から樹齢は（三十―五十）＋三百四十四＋（五十―六十）、すなわち四百二十四―四百五十四年ということになった。

次に年輪について述べる。心柱材の生長の経過を示すと、右図のようである。これからわかることは、最大生長の時期がm年およびm＋百年付近と二つあること、さらにそのピークの直前に、いずれも連続して顕著な重年輪（一年間に年輪が二つできたもの）が認められるということであった。これに対する佐藤博士の推論は次のようである。ふつうm年からm＋百年くらいまでの間は、生長が一番盛んであってよい時期である。それが低下して谷をえがいていることは、なにか異常があったと見てよい。おそらくm＋五十年までは、この木のまわりに競合して生長していた大木があったが、そのころになってこの木が隣接木よりも高くなった。そのために生長がよくなり、次第に上昇カーブをえがいたのであろう。次に、m＋百年付近で急激な生長を示すのは、環境に変化があったためと思われる。それが気象上の変化によるものか、太陽の黒点によるものかはわからない。しかしこの時期に重年輪があらわれていることから、庇陰《ひいん》を与えていた周囲の大木が、風倒かあるいはその他の原因によって、急激に取り除かれることになったためではあるまいか、ということであった。

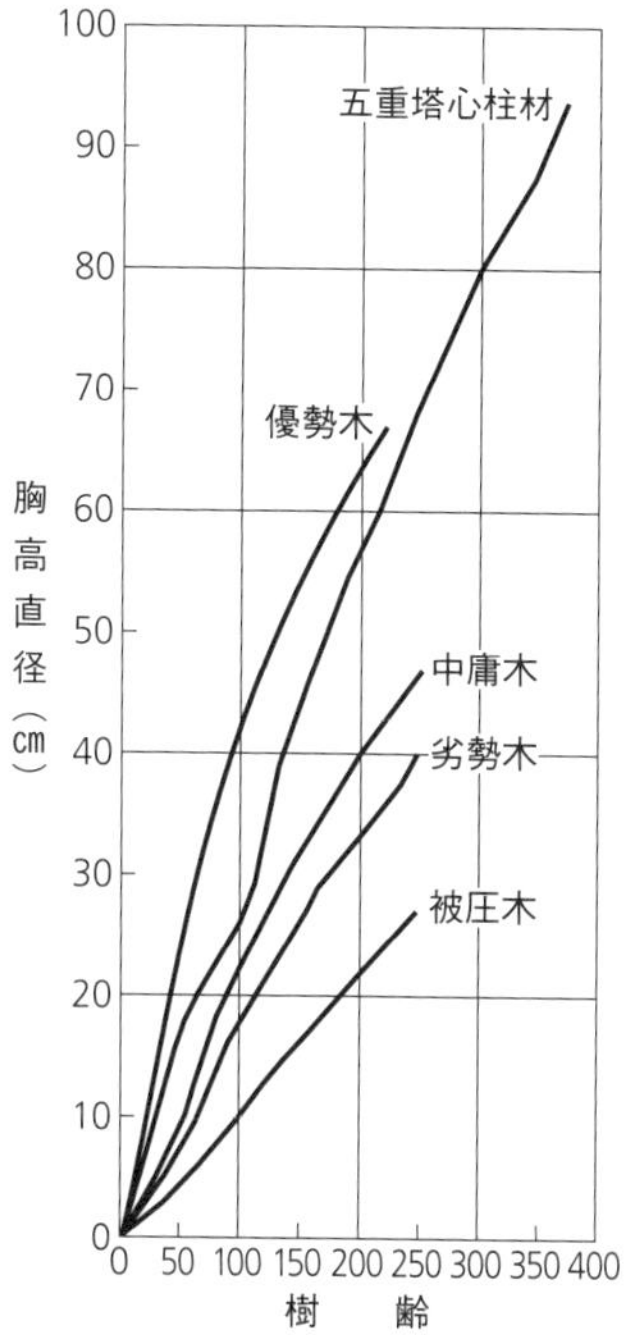

木曽ヒノキと心柱材の生長経過の比較

　なおこの心柱材の生長の経過を、倉田博士の調査された木曽地方産のヒノキと比較してみると、心柱材は木曾ヒノキの優勢木と中庸木との中間的生長を続けていて、老齢になってから優勢木を凌駕していることがわかる。これはかなり肥沃の地で、生長を長く継続した材であったと見てよい。以上がこの心柱材の履歴の概要である。法隆寺をはじめ多くの社寺に使われている木材には、その一本一本にこうした履歴が含まれているわけである。

木の分布と資源

なおここで木の分布について簡単に触れておこう。植物の生育を支配する最大の条件は気候だから、分布はそれとの関係で考えればわかりやすい。地球上で赤道に近い南の地帯は、高温で陽光が強いから、樹木は緑の部分を持っていればいつでも養分をつくることができる。だから年中葉を広げていればいい。それも広いほうが有利である。つまりこの地帯は常緑広葉樹の適地なのである。これらの木は雨季になったら生長を始め、乾季になったら休むというように、生存条件はきびしくない。そのため南方の木には年輪のはっきりしないものが多い。

一方北極に近い寒帯では、きびしい冬を越さなくてはならない。やっと春らしくなって芽を出し葉を出したころには、もうすぐ冬になってしまう。だから葉をつけたままで春を待ちすぐに養分をつくらなくてはならない。しかし南方のように薄くて広い葉ではきびしい冬を越せない。だから葉は肉厚で丸くなる。それが針葉樹である。つまりここは常緑の針葉樹が生き残れる地域である。

ところでその中間の温暖な地帯は、春が来てから芽を出し葉を繁らせ、それから養分をつくっても十分間に合う。そして冬の間は邪魔になる葉を落としたほうが、樹体の支持に有利である。落葉の広葉樹がこの地帯に繁茂しているゆえんである。この場合木は葉を出しさえすれば養分の自給自足ができるが、芽を出すためには予め養分を貯蔵しておかなくてはならない。木の中にはその役目をする組織がある。それが柔組織といわれるもので、幹の中心から放射状に並んだものとたて方向に並んだものとあって、外側の篩部につながっている。夏の終わりまで細胞分裂に使われた養分は、その後はこの中に貯蔵されて春を待つのである。

地球上では、南方には常緑の広葉樹、北方には常緑の針葉樹が生えていて、その中間の地帯は落葉の広葉樹から順次北に向かって、針葉樹に移行して行く傾向がある。だがこれは分布をごく大まかに見たときの話である。南方でも高山があれば針葉樹が生える。それは高さが緯度に相当するからである。台湾から良質のヒノキがとれるのは、高い山岳地帯があるためである。

以上に述べたことから、日本のように南北に細長く陸地が並び、山岳地帯の多い国では、木の種類がきわめて豊富で良質の材も多いことがわかって来る。この地理的条件が独特の木の文化を育てるのに、大きく貢献したのである。ところでおなじ種類の木でも、産地によって材質がちがい、また生えている山の斜面や土壌、日あたりによってもおなじでないこと、さらにおなじ一本の木でも、南側と北側とでは微妙な差ができることについては、西岡氏の話に詳しく出て来る。

その理由はこれまでに述べて来たことを基礎にして考えていただければ、容易に理解できるであろう。

終わりに木材の資源についてひとこと触れておきたい。本書の中で述べた西岡氏の古建築の話も、わたしがあとで書く古代の彫刻の話も、まだわが国に木が豊富にあった時代のことであった。そうした恵まれた供給を今後とも長く続けて行くことができるであろうか。その見通しは甚だ悲観的である。

明治のはじめまでは、木は一番重要な材料の一つであった。木がなければ、建築も土木も、さらに国土の開発から戦争さえもできなかったからである。今世紀になって鉄やガラスが普及し、軽金属やプラスチックが手軽に使えるようになってから、木材は第二材料、第三材料になった。このまま行けば、木材はもはやいらなくなるのではないか、と思われたのはつい先年のことである。

だが最近になって事情は一変した。きびしい木材不足がいま緊急の話題になって来ているのである。資源の乏しい日本で、一番輸入額の多いものといえば、誰でもすぐ石油と答えるが、それに次ぐのが木材だということは、意外に知られていない。石油ショックで大騒ぎしたのはついこの間のことだが、木材ショックもいつおこるかわからないのである。いや現にじわじわと木材の輸入はむずかしくなって来ている。木の中に生き、木とともに暮らして来た日本人が、木に不自由する日の来ることをかつて考えたことがあったろうか。

主要国の森林資源（1963）

区　分	人口１人あたり		1 haあたり	
	森林面積 ha	蓄積 m^3	蓄積 m^3	生産量 m^3
カナダ	23.4	1,263	54	0.2
ソ　連	4.0	352	87	0.4
アメリカ	1.6	107	66	1.0
日　本	0.3	20	75	2.5
フランス	0.2	20	84	3.7
西ドイツ	0.1	17	139	3.7
イタリア	0.1	6	49	3.0
イギリス	0.0	2	62	1.9
平　均	2.3	173	75	0.5

よく日本は森林国だという。だがそれは、国土面積の七割が山岳地帯で占められている、という意味においての森林国であって、資源の豊富さを意味する言葉でない。事実われわれがいま使っている木材は、その量の三分の二を輸入に仰いでいる。しかもそれは量の不足だけではない。質も低下して大材は著しく減少している。たとえば最近完成した薬師寺の金堂も、法輪寺の塔も、さらにはもう少し前の明治神宮の鳥居までが、台湾ヒノキによってようやく伝統の形を復元して来たのである。

また木曾ヒノキについていえば、ここ数年は十万立方メートルずつ伐採して来た。このまま行けばあと二十五年しかないというので、伐採量を減らす計画が立てられているという。というのも明治半ばからの造成林のヒノキがやっと八十年、あと七十年待って百五十年になったところでこれを使おうというわけである。祖先が「木一本首一つ」で残してくれたヒノキだが、考えてみると背すじの寒くなる思いである。

ところで木材輸入の将来への見通しは、必ずしも明るくないという。とすればわたしたちに残された道は、一人一人が木をもっと大切に使うこと、そして木を木らしく生かして使うことしかないであろう。その意味からも、西岡氏の話は貴重な価値を持って来るのである。

第三章 木用貧乏

木のいのち

自然がこんなにもかけがえのない大切なものだと思われた時代は、かつてなかったにちがいない。いまわたしたちにとって理想の暮らしというのは、自然のよさを取り入れた生活だといってよかろう。

雪に埋もれて長い冬をすごさなければならなかった北欧の人たちは、穴ぐらの住まいの中で木に触れながら、ふたたび木立ちの緑にめぐり会う日を待たねばならなかった。北欧のインテリアが、木の使い方で格段に秀れて巧みなのは、そうした体験が生んだものであった。一方、温暖で開放的な住様式を営んで来た日本は、その中から「木の文化」を育てて来た。この二つの民族は、発生の過程はちがうけれども、木に対する愛着の深さにおいては、世界に比を見ない独特の鋭さを持っているのである。

日本のインテリアの魅力は、木の柱、障子、畳、土壁、天井に自然材料を使い、それを白木のテクスチュアで統一しているところにある。人間はもともと生物なのだから、からだに接するところに生物テクスチュアをおけば心が安まるし、それがまた自然でもある。ナイロンがこれだけ普及したにもかかわらず、肌着にはやっぱりもめんがよいというリバイバルがおこったのも、それがわれわれの生物的本能と合致するからである。皮革とレザー、亀甲とセルロイド、木とメラミン化粧板、見た目はおなじでも、自然と人工のテクスチュアのちがいを、われわれは微妙に嗅ぎ分けるのである。

テクスチュアに対する現代の日本人のセンスは、視覚的にはやや後退したうらみがあるが、触覚については、まだ原始に近い形で、われわれのからだの中に生きている。それがもめんとナイロン、木とプラスチックを微妙に選び分けるのである。こうした素質を持つ日本人だから、木に対応したときもその発想はちがって来る。ヨーロッパ人は木を見たとき、まずこれを工業材料として考えるが、われわれは工芸材料として受け取る。つまり木を手にして第一に気になるのは、美しいかどうかということである。工芸的な判断がさきに立つから、以下に述べるように冷静な工業材料としての対策がさまたげられてしまう。「器用貧乏」でなくて、「木用貧乏」なのである。

木を取り扱う者にとって一番困ることは、狂うということである。それを防ぐには、繊維と直角方向の伸び縮みを押さえればよい。それには薄く剥いで木目を交互に張り合わせるのがよい。

こうして生まれたのが合板である。もっと小さな削片にして接着剤で固めれば、いっそう狂いは少なくなる。パーティクルボードの生まれたのはそうした理由からである。それでも厚さ方向の狂いは防ぐことができない。これは繊維をばらばらにほぐして固めれば、改良することができる。

16 世紀イギリスの木製のテーブル
厚い塗りで金属的に仕上げてある

これがハードボードの生まれた理由である。こういう考え方のプロセスは、木を工業材料として取り扱う立場に立てばごく自然のなりゆきである。ところがわれわれはそうした考え方に、不馴れであった。だから輸入されたホモゲンホルツを見たとき、まず第一に感じたのは、表面の文様の面白さだったのである。この材料はもともとドイツで、上記の理由から狂わない芯材としてつくられたものであるから、あちらの見方からすれば、表面に化粧板を貼る下地材として使うのが当り前である。ところが日本では、まず表面の木片の交錯した文様にほれ込んでしまったから、そのままで使うことを考えた。ホモゲンホルツは衣服でいえば下着で、化粧板が上着に相当するのだから、この日本的な使い方は、ステテコで町の中を歩くのとおなじ矛盾を持っている。だが日本では、それなりの使い方が一時流行して、材料自身もまたその好みに合うようにつくられていたのである。最近ではそんな使い方はなくなったが、日本人の木の考え方を知るうえで面白い例であろう。

ここでわたしは、わたしたちのこうした態度がよいとかわるいとかいおうとしているのではない。蛙が水に飛び込むのを見て、直感的に「古池や」と詠む日本人と、流体力学を考えるヨーロッパ人、リンゴが落ちるのを見て「万有引力」を思いつく彼らと、「秋の暮れ」を連想するわたしたちのものの見方、考え方のちがいを、木材という材料を通じて、もう一度反省してみたかったまでのことである。

川添登氏は石と木について次のような意見を述べておられる。

「石は地球の造山作用の圧力によってつくられた最も優れた自然の圧縮材であるのに対して、太陽を求めて空へ伸びる生命力を繊維として内包している木材は、自然が生んだ最も優れた引張材である。だから石で文明を築いたヨーロッパが、圧縮の文明であったのに対して、木、しかも軟木を用いて来た日本文明は引張力の文明である」

これは深い示唆に富む言葉である。物に触れ、材料に即して文化を見直そうという立場に立つとき、木のぬくもりが、わたしたちの国民性にどのような影響を与えたかを考えるのは、興味深いことであろう。

木の奥行感

日本人は、木の中に生きて来た民族である。それは北から南へ細長くつながる国土に、多様な良材が豊富に恵まれていたためであった。そうした風土の中で、われわれの祖先たちは、この世に「産霊神《むすびのかみ》」がいて、この神が住む土地にも、眺める山川草木にも、霊魂を与えると信じていたようである。『和名抄《わみょうしょう》』に木霊《こだま》あるいは木魂《こだま》という語が出て来るが、それは木に精霊や霊魂が宿っているという意味であった。

岐阜県郡上の石徹白（いとしろ）の神木杉（八木下弘氏）

このような樹木を信仰の対象とする受け取り方は、それが伐られて、木材になってからのちも引きつがれる。「お札様」というのはその代表的なものであろう。あの白木の肌に精霊を感じているのである。われわれは機械文明を象徴する自動車の中に木片のお札様が祭られている矛盾を笑うが、それはついこの間まで、敷地の中にご神木を祭った屋敷林の

美しい年輪

伝統の縮図と見ることもできる。第一章でも書かれていたように西岡氏は木には第二の生があって、建物に使われたときからそれが始まるというが、これもまたおなじ考え方によるものであろう。

いうまでもなく、木はかつて生命を持っていた細胞の固まりであって、生長のあとを示す木目が、造形材料としての一番大きな特徴になっている。年輪の幅は、樹齢、土壌、気温、湿度、日照などの記録であるから、その中には一年ごとの木の歴史が刻み込まれているわけである。

高温多湿の条件に恵まれた熱帯地方の樹木は年輪をつくらない。年中生長を続けることができるからである。生長期に洪水や旱天《かんてん》に見舞われたり、葉を害虫に食われたりすると生長は止まるが、回復するとふたたび生長を続けるので、一年間に二つの年輪ができる。これが重年輪である。つまり木目は幾星霜の風雪を耐えた木の履歴書なのである。人間にもまた年輪がある。それは精神の中に刻み込まれるから、樹木のように形としてあらわれないが、その人の経験と生きる努力の中から生まれて来た記録である。

だからわれわれは、木の年輪の複雑な紋様の中に、自然と人間との対話を感じ取る。それが木肌の魅力の最大のものといえよう。だから木は、人によって生かされ、人によって使い込まれたとき、本当の美しさが出て来るのである。これは使うほど汚くなって行くプラスチックとは正反対のものである。

日本人は木の香の新しい白木を好むだけではない。ときがたてばやがて灰色にくすんで来る木肌を、こんどは「さび」といった独特の世界観の対象にして、別な立場から賞《め》でるが、それは木がもともと生物材料で、切られて板になったのちも、なおあばれたり狂ったりして、生きものの動きをするところに心をひかれるからである。

木で家具をつくるとき、それが生きて来るかどうかの分かれ目は、木に厚みを持たせるか否かできまって来る。いま民芸家具と呼ばれるものに人気が集まっているが、それらをも含めて伝承の家具を見ると、すべて奥行を感じさせる使い方をしている。だが近年は木の使い方がすっかり平板的になってしまった。

木はあばれたり狂ったりするから、伝統の木工では、そのくせを読み取って狂わない建物や箱をつくった。つまり生きた樹木の自然の力を殺さずに、そのまま木筋に沿って割り、材を木取《きど》って細工したのである。

長野県松本地方の民芸家具

この割《わり》木工は、室町中期に大鋸《おが》が輸入されてから衰え始める。江戸時代に縦挽き鋸《のこ》が普及すると、木のくせを読む技術はめっきり弱くなってしまった。そして大正になってベニヤの技術が輸入されると、木はもはや加工の厄介な時代遅れの材料ということになり、木製品の表層にわずかに薄く木のいのちが生き残った。さらに最近になって、木目印刷の技術が普及すると、厚さは零《ゼロ》になって、木はまったく死に絶えた。プリント合板や、合成樹脂板の木工風の製品が市場にはんらんして、むかしのような木は生きものという概念は、つくる側にも使う側にも滅びてしまった。

割木工から縦挽き鋸、合板からプリントへという加工技術の進歩は、木の奥行感を不要にしたが、同時にそれは木製品が木でなくなって行く運命を歩むことにもなったのである。

スウェーデンの白木を生かした室内

木工のための技術とは、木の生い立ちに沿った忠実な使い方の意味でもある。だから金属のように延ばしたり、広げたりする使い方はできないし、本来的なものでもない。厚みのある板物から彫り出すようにして行くとき、材料の持味は生かされるのである。

わが国では伝統的に白木を使って来た。白木は素肌をそのままあらわしているから、表面は多孔質で柔らかく、ふんわりとした奥行感がある。ヨーロッパでは塗装した広葉樹を使って来たが、塗った肌は硬く光って平板的だから、彼らはことさら部厚い板で、奥行のある家具をつくった。

ヨーロッパのインテリアを見て来ると、北の国に行くほど木に奥行を見せる使い方をしていて、表面の塗装が薄くなっていることに気がつく。長い冬ごもりを余儀なくされるこれらの国々では、生物的なテクスチュアこそが、室内の単純さを救ってくれる唯一のものである。だから彼らは、奥行のある厚い木に囲まれて、あの長い冬を越すのである。

ヤリガンナの効用

金属と木でものをつくるとき、造形的な効果のうえで一番大きくちがう点は、前者は鋭い刃物で切った硬い線で輪廓が截然と区切られるのに対し、後者は軟らかい線で全体がふんわりと囲まれているということである。それはちょうど烏口《からすぐち》で引いた機械製図の線に対する、軟らかい鉛筆で書いたフリーハンドの線のちがいといったようなものである。もちろん材質のうえで金属は硬く冷たいが、木材は暖かく軟らかいといった物理的な相違はあるにしても、それとは別に、この輪廓線による感じ方の差は大きい。石も材質からいえば硬く冷たいが、輪廓線がぼけているから、金属よりもずっとソフトに感ずるのである。

西岡氏は法隆寺の円柱を削るとき、台カンナは硬い線になるのでヤリガンナを使ったという。しかも新しい鋼でなく、飛鳥時代の古釘から鍛え直した刃物を使ったそうである。これはまさにヒノキの木肌に鉛筆の線の軟らかさを求めたものであろう。ヤリガンナでは刃物のあたり具合が、そのまま手に伝わって来るから、木は彫刻のノミを使ったときとおなじように、繊維に沿って削り出して行くことができる。ところが台カンナでは木と手との間に台が入るから、材質が直接手にひびいて来ない。だから仕上げ面は平滑だが繊維が切られていて木の味は生きて来ない。さらに機械カンナになるともはや抵抗は機械が受けるだけだから、相手は木であっても金であってもいっこうに関係ない。ただ目盛に刻まれたとおりに正確に厚さを減らして行くだけになってしまう。つまりヤリガンナを使うということは、木にノミあとを残して大きな彫刻を刻んで行くのとおなじやり方だということになる。

考えてみるとわたしたちは、長い間木のこうした使い方をしている間に、身近な対象を、硬いタッチよりも軟らかいタッチでとらえるという習慣が、身についてしまったようである。その例をわたしは「家庭」と「人間」という言葉で説明したいと思う。ヨーロッパの住まいと日本の住まいを比べたとき、一番大きなちがいを感ずるのは、インテリアとエクステリアの取り扱い方についてである。ヨーロッパでは、内と外との間には重くて厚いどっしりとした壁があって、空気までも遮断している。だからインテリアとエクステリアは画然と区別され、対立しているのである。ところが日本の場合は、内から外へいつとはなしに移って行く。軒先や縁側という大根を干したり、干し柿をぶら下げたりするどっちつかずの空間があって、インテリアとエクステリアの区切りがはっきりしない。つまり住空間のまわりの輪廓線がぼけているのである。家庭という言葉はそういうイメージを背景にして生まれて来た言葉のようにわたしは思う。その意味は家庭を直訳して、ハウスとガーデンから生まれたと考えたらナンセンスである。なぜならガーデンとはヨーロッパの宮殿のように、見渡す限りの広大な自分の敷地を指すものであるから、日本の庭とはまったくちがう。この場合の庭とは、家のまわりの軒先や縁側のような薄い空気層の意味であろう。とすれば家庭とは、まことに日本的な住まい方を背景にして生まれた言葉といってよいであろう。

おなじことは人間という言葉にもあてはまるように思う。この言葉は人と人との間の空間までを含んだ概念である。中国には人体という言葉はあるが人間という概念にあてはまる言葉はなさそうである。人体はボディそのものだから輪廓が明瞭だが、人間のほうはそのまわりになにほどかの空気層がまつわっているから、輪廓が漠然としている。これは明治のはじめに現代の用法が定着した言葉だというが、いかにも日本的だと思う。こうした言葉が生まれたということは、日本人は烏口の線よりも、鉛筆の線のほうが好きらしいということである。それが家庭の庭であり、人間の間である。材料と思考方式、そのどちらが先であるか、わたしは知らない。だがこれは興味あることだと思う。

ところでおなじ木の中でも、広葉樹の材質感は金属に近いが、針葉樹の材質感はそれよりもずっとソフトである。つるつるに塗った広葉樹の材面は平板的で、いかにも金属を思わせるが、ヒノキの木肌は絵絹のようなうるおいを持ち、輪廓線のボケによる奥行感がある。ヒノキをヤリガンナで削るということは、この特質をいっそう効果的にする手法にほかならないのである。

北山スギ

日本人の木に対する好みのこまやかさを語るには、京都北山のスギの育て方について述べるのが、一番適当であろう。

京都盆地を囲む山々のうち、北方の諸山は、東山、西山に対応して、北山と呼ばれる。この北山の麓から流れ出る清滝川の流域に、古くから磨丸太をつくる北山林業が発達した。ここでは台スギという特殊な栽培法をとるので、台スギ林業の名でも知られている。

北山林業は、数寄屋建築の材料として欠くことのできない、元も末も同じ太さの長い丸太をつくるために、考え出されたものである。こうした特殊の木をつくり出す技術が定着するまでには、数百年の長い経験と研究とが積み重ねられて来ているのである。

木を植えたままの状態で放っておくと、幹は元が太く末が細くなる。苗木を密植して、幼齢のうちから下枝を切り落とし、頂部だけに枝葉を残して生長を抑制すると、元も末もおなじ太さで、節のないまっすぐな柱材になる。伐採の前年にさらに梢を小さくつめると、柱の表層は艶が増す。それを川砂で磨きあげて、美しい北山丸太をつくるのである。だがこの場合、生長はすこぶる遅くて、柱になるまでに三、四十年もかかる。いまわたしは伐採の前年に梢をつめるといったが、魚の養殖についても、最近これとおなじ「身じめ」という方法を取るそうである。取りすぎた脂肪分をコントロールするために、出荷前の何日間かはエサをまったく与えないで魚をやせさせる。

美しい林相の北山スギ

すると味がよくなるというのである。生きものに共通する取り扱いとして面白い。

　さて以上は床柱《とこばしら》に使われる丸太について述べたが、垂木丸太の栽培はもう一つ芸がこまかい。スギを植えて数年たったとき、下枝を残して中間の枝を切り払ってしまう。こうして育てると、残された下枝から芽が出る。それを数本残して、前に述べた床柱の場合とおなじように、頂部にだけ枝を残して、ほかの枝は全部落とし、株の上で垂木丸太に仕立てるのである。二、三十年もかかって、やっと直径三、四センチの太さになるのだから、一種の盆栽的な栽培法と考えればわかりやすい。根元の株は数百年も生き続けるという。これが台スギ仕立てである。

　以上わたしは、北山丸太が材積の生長を犠牲にして、形の美しさを追求することについて述べた。だがそれだけでは性能は十分ではない。

茶室建築の深い軒の出を支えるためには、丸太は細くてしかも丈夫でなければならない。だが自然物の性質を変えることは不可能に近い。それを北山丸太はちゃんとやっているのである。京都付近で育ったふつうのスギと、台スギの垂木丸太の強さをくらべてみると、曲げ強さにおいて約三十パーセント、衝撃強さで二倍くらいも増大していることが、わたしの行なった実験の結果でわかったのである。これは驚異といっていいことである。

奈良県の吉野スギについてもおなじようなことがいえる。ここでは灘《なだ》の名酒と結びつけて、芸術品ともいえる酒樽の用材をつくって来たのである。

一年で収穫の得られる農作物とちがって、数十年という気の遠くなるような長期間を対象にした芸のこまかい栽培法というのは、世界でも例がまれであろう。こうした木を育てる技術が発達した背景には、木を好み木を愛し、単に構造材としてだけでなく、美術材料として高く評価した大衆があったためとみてよい。まことに日本人は、木の中に生きて来た民族である。

木とデザイン

産業革命以来、機械は人びとの生活を豊かにする打出の小槌の役目を果たすものだと思われて来た。そしてその進歩はイコール人類の幸福につながるとも信じられていたのである。過去百年の間、わたしたちはなんの疑いもなくそれを信じて来た。その信仰がまちがいでなかったことは、人類がついに月に到達することによって証明されたかのように見えた。まさに科学の勝利を確認する成果だったわけである。そうした背景に立ったとき、なによりも頼りになる確かなよりどころは、工学的なものの考え方であったし、またそう信ずるのが当然のなりゆきでもあった。そして数量的に証明できるものにこそ真理があり、それのみが正しいとする考え方が、広く行きわたっていったのである。

だが最近になって、それだけがすべてではないということが、反省されるようになった。経済の高度成長下にあっては、その目的を達成する一番有力な武器は、工学的な発想と工学技術であった。だがいまやその行きすぎが、いろいろな面で見直されようとしている。それを補うための最も有効な方法の一つとしてあげられるのは、生物学的な発想であろう。「二十世紀は機械文明の時代であったが、二十一世紀は生物文明の時代になる」、というような言葉が使われている。これもまたそのことを示唆するとみてよいであろう。

いまここで述べて来たことは、デザインの分野についてもあてはまることである。以下にとりあげるのは、やや片寄った対象ではあるが、わたしの関係するインテリアの分野を例にしてこの問題を考えてみたい。いささか牽強付会《けんきょうふかい》のきらいはあるが、デザイン全般についても共通するところがあると思われるので、あえて付記した次第である。

生物学と建築というと、いまのところいかにも縁遠い存在のように思われる。だが果たしてそうであろうか。

動物学は、かつてはおもに医学の補助手段として発達した面があった。十八世紀以来の比較解剖学や、十九世紀になって発展した比較生理学は、そうしたところから出発した学問であった。だがそれらの科学は、現在ではもっと広く人間そのものの生き方や、人間観の構成という分野にさえも、寄与するようになって来ている。おなじ事情は植物学についてもいえることである。

それにもかかわらず、一般には生物学が建築とかかわり合う範囲は、動物学なら建築害虫、植物学なら造園の分野くらいでしかないという単純な受け取り方がある。これはいささか近視眼的にすぎるのではないだろうか、とわたしは思う。

これまでの建築は、芸術性と工学的な技術に重点がおかれていた。建築学が一つ一つの独立した建物をつくる技術であった段階まではそれでよかったであろうが、それが一方では都市という空間にまで拡大し、他方ではまた、インテリアというミクロの空間にまで細分化されて来た現在では、その底流に生物学的なものの見方、考え方がしっかり根を下ろしていないと、建築もインテリアも本当に人間のためのものになりえないということが、いま反省され始めようとしている。

考えてみるとわれわれの生活の大部分は、生物的嗜好でよいわるいを判断していることのほうが多い。だが従来の工学的立場では、そういうあいまいさは技術とは認められなかった。そこでなんとか数量的にあらわそうとするが、現在の技術の段階ではどうしても割り切れない部分が残ってしまう。その断層を埋める手段が、しばしば芸術の名のもとに、単なるカッコよさとすり換えられるおそれもあったのである。だが新しい生物学は、そうしたあいまいさに対して、一つのよりどころを示す可能性を持つようになった。そして同時に、数量的に割り切れるものだけが科学のすべてではない、ということも教えてくれるようになって来たのである。

いま都市空間の例をあげよう。ブラジリアはあらゆる技術を駆使して、二十一世紀の夢の都市としてつくられたはずであった。だが実際にできあがってみると、かんじんの人間がなかなか住みつかない。その理由を調べてみると、いわゆる街角がなかったためだという。気楽に人と人が接し合う泥臭い片隅がなくて、街のたたずまいも、周辺の人造湖も、よそゆきの冷たい美しさで整いすぎていた。あるがままの人間臭さのよどみ、といったものが欠けていたのが原因だったというのである。

そうした話題はわれわれの身辺にも少なくないようである。新宿副都心ができてから一年後の反省は、予想していたほどの人が寄りつかないことだったという。その原因は、人を引きつけるなにかがまだ足りない。庶民的な泥臭さ、たとえば赤ちょうちんや縄のれんというようなものが欠けていたことに気がついた、というのである。住まいの環境が美しくあることは、たしかに望ましいことにちがいないが、芸術第一主義では庶民にはとても住めない。庶民は人間であるよりもさきに、まず生物で、生物は本来もっと泥臭いものだということが、いつの間にか忘れられていた。それに気がついたわけである。

以上は都市についての話だが、一方身近な狭いインテリアにも、おなじような問題がある。われわれは、これまで鉄とガラスとコンクリートで囲まれた空間をつくれば、それが時代の先端を行く文明の象徴だというイメージを持っていた。だが写真うつりが立派なだけではどうも落ち着かない。公共建築のような昼間の建物はそれで我慢できるとしても、住宅のような夜の生活を伴う建物では、なんとなく馴染みにくい。夜になると人間は原始に戻る。冷たい無機質の材料で囲まれた舞台装置のようなインテリアよりも、木やもめんのような素朴な材料で囲まれた泥臭さの中に、なにか人間の本質といったものがひそんでいることに気がついたのである。それは理屈ではなくて、生物的嗅覚とでもいったほうがあたっているかも知れない。

いまや従来の建築学は一方では都市の側に、また一方ではインテリアの側へと、両面に広く伸びた。そして人間と触れ合う面が著しく増大したのである。それに伴って基礎学としての生物学は、いっそう必要になって来ている。科学技術の先端を行くオートメーションの手本は、意外に原始的な生物体の構造にあることはよく知られているところである。とすれば建築や都市構成の原理も、身近な生きものの生態の中にひそんでいるように思われる。だがその取り入れ方は、皮相的であってはならない。たとえば細胞の組み合わさった模式図を見て、そのまま人工土地の計画に引き伸ばし、それにもっともらしい理屈をつけたり、昆虫の生態のほんの一部だけを観察して、都市に住む人びとの生活原理を引き出したりするような例である。こうした浅薄な知識の取り入れ方は、厳に慎まなければならないと思う。生物界や自然の摂理は、もっと深くもっと神秘なものだからである。われわれがその底を流れる基本の原理を汲み取らないで、単なる思いつき的な自然の模写に終わるとしたら、迷惑をこうむるのは大衆であることを忘れてはならないであろう。

生物的材料学

考えてみるとこれまでの都市というのは、人間のまわりに生物的なものの存在を拒否する空間であった。この人間疎外の環境は、土が生きものであることを忘れたときから始まる。そうした環境はもともと日本人には不向きなものであった。なぜならわれわれの祖先は一木一草に心を感じ、自然とともに生きて来た民族だったからである。それがいま急激に非生物的な環境に変わって、伝統文化の本質さえも、その形を変えられようとしているのである。

これに対して、都市の中に自然を残せばよいではないか、という意見がある。ところでその解決法であるが、工学的な発想に立てば、開発地のまん中だけブルドーザーを避けて、鎮守の森を残せばよいではないかという考え方が出て来る。しかし生物学的な立場に立てば、生物の社会はそんな単純なものではない。その森は広い地域の生態系の中の一つとして生きて来たのだから、周囲と断ち切られて緑の孤島になったら、元来の姿を失って、やがてまったく別な植生になってしまう。それはもはや自然ではない、というのである。

生物学者の説によれば、自然は気の遠くなるほどの長い歴史の中からできあがった微妙なバランスの世界で、単なるでき合いを寄せ集めた機構ではない。谷川の水が夕立ぐらいではにごらないのは、土に住む無数の小動物や微生物の働きによる。木はまた葉を落として彼らを養なう。その循環こそがほんものの自然の姿だ。公園やゴルフ場に緑はあるけれども、土が死んでいるから、夕立の水はすぐにごる。まがいものの自然でしかないというのである。

考えてみると、これまで都市や建築はあまりにも工学的な対象として取り扱われすぎたきらいがあった。大地は生きものであることが忘れられて、単なる支持物になっていた。人工土地はその例である。土は生きているがコンクリートは死んでいる。その簡単な原理が実は見落とされていたのである。

ご承知のように、海岸に林があると魚が寄って来る。これが魚付林《うおつき》である。魚の寄って来るのは林から流れ出る微生物が餌になるためであるが、そうした原理が忘れられて、防波堤を緑色のペンキで塗れば魚が寄って来ると考えた知恵者がいた。これが、防波堤が緑のペンキで塗られるようになったゆえんである。これに似た話が高速道路の土砂止めのコンクリートの壁を緑色にペンキで塗る例である。夏は周囲の草に隠れて目立たないが、冬枯れになるとなんとも不自然で、車を走らせているとき曲がり角で不意に目の前に緑の壁があらわれてぎょっとしたりする。以上の二つは単なる笑い話で済ませるとしても、都市文化の中に自然らしきものを引き移した例の中で、滑稽さだけでは済まされないものも、決して少なくないようである。

さる動物学の大家のお話を聞いていると「カエルのような高級動物は」という言葉がよく出て来る。その先生によれば、ゴキブリでさえも高級な動物だそうである。われわれはよく「禽獣《きんじゅう》にも劣る」というが、それは禽獣は人よりはるかに下等だという前提に立つ。この考え方によれば、カエルは禽獣より下等だし、ゴキブリにいたってはさらに数段下等である。それなのにゴキブリは手に負えないほど高級だと、その動物学の大家はいうのである。これは非常に示唆に富む話だ。いまの社会は人間中心といいながら、人間はきわめて精密な機械と見なすことができるから、コンピューターにおき換えれば、その挙動をとらえることが可能だと人びとは信じている。だが実際には、あの下等なゴキブリでさえも計算機には載らないことを、その大先生は教えてくれているのである。それなのにわれわれは人間がコンピューターに載ると信じているが、これは工学教育の陥りやすい数字過信の落とし穴ではないだろうか。

さてここで、今までに述べて来たような生物学の考え方を取り入れたとき、従来の材料学にどのような新しい知見を加えることができるか、という一つの試みをやってみよう。わたしたちはこれまで材料を、物理的、化学的な立場で取り扱い、性能を数量的に表示し、それによって評価して来た。だがここで考え方を変えて、まず中心に人間をおき、一番近いところに親しみやすい材料をおいて、順次遠心的に並べていったら、どんなパターンができるかを考えてみよう。

人間に一番近いところには、まず生物材料が来ることになる。人間はもともと生物だから、木やもめんのような生きた材料が一番肌に合うし、心も安まるからである。ところで木の次に位置するものはなんであろうか。それは自然材料だ。自然材料の代表は土であるが、土もまた生きている。その中には無数の微生物や小動物が棲んでいるからである。土が死ぬと砂漠になるが、死んだ土も火という生きものの手が加わると、もう一度生命を帯びた焼き物になって、われわれに近づいて来る。石には不思議な魅力があるが、これもまた地球という大きな窯の焼き物だと考えれば、その魅力の秘密はなんとなく理解できそうな気がする。それなら石の向こう側に位置するものはなんであろうか。それは鉄だ。そしてコンクリートであり、ガラスである。これらはいずれも、自然の中にあった材料を加工したものである。だからわれわれの肌にそれほどさからうものを持ってはいない。

ところでその次に来るものはなんであろうか。かなり距離をおいてプラスチックがあるとわたしは思う。それはもはや生物的嗅覚を超えた谷一つ向こう側にある材料といったほうが当たっているかも知れない。なんとなく肌になじまないなにかがあるからである。地球の表皮から垂直方向に遠く存在するものほど、人間の体に合わないという説がある。地殻の深部から掘った石油生産物しかり、重金属しかりである。地球表皮上の水平的な存在ほど近縁で、その中で最も肌に合うのが生物材料だという。そういうグローバルな立場からの見方も必要なのではないだろうか。

以上は材料を生物学の立場で、人間を中心において太陽系のように配列してみたものであるが、実際の建物について調べてみると、われわれは無意識のうちに、こうした遠心的な材料の選択をしながら環境をつくっていることに気がつく。もしそうだとすれば、あの地味に見える材料学の中にも、生物学的発想は役立つことになりそうである。そして木という材料の位置づけも、もっとはっきりして来ることになろう。

さてわたしは、生物学的発想の効用について述べて来た。だが残念ながら、いまの生物学がそのままの形でデザインや材料学に役立つと期待することは無理なようである。ここでわたしがいいたかったのは、生物学そのものではなくて、生物学的なものの見方、考え方が、人間とデザインとの間隙を埋めてくれる可能性を持っているということであった。もしそうだとすれば、建築もインテリアもデザインも、教育の体制のうえで工学部門の中に含まれているがゆえに、生物学と無縁のものだという考え方は、改められてよいのではないか、とわたしは思う。

最後に生物学に対して望んでおきたいことがある。それはわれわれの生活に最も身近な生態学や生理学の原理を、素人にもわかるような形で啓蒙してほしいということである。

「いまの生物学とは死物学のことだし、動物学というのは動物園学のことだよ」などという陰口をたたくものがいるが、もしそうだとしたら、素人は生物学に魅力を感じることはできない。今後はもっと広義の生物学が、建築やデザインの基礎学として、ますます重要性を増して来るようになるであろう。だがそこを開拓し間隙を埋めていく人は、純粋の生物学者ではなくて、やはり生物学を学んだ建築やデザインの分野に属する人でなければならない、とわたしは思う。なぜなら、ものを使う側からの本当の要求は、その立場の人でないとわかりにくいからである。

第四章
木は生きている

生物材料

法隆寺修復の体験を通じ、また法輪寺、薬師寺の再建を通じて西岡氏が感じ取ったことは、木の寿命は鉄の寿命よりも長いということであった。その理由は、樹木は伐られたとき第一の生を絶つが、建物に使われると第二の生が始まって、その後何百年も生き続ける力を持っているからだという。そしてこの第二の木のいのちは、ヒノキは優に千年を超えるが、スギはそれよりも劣り、ケヤキやマツはさらに寿命が短かいというのである。

これは西岡氏の長い経験による直観的結論である。一方、わたしもまた木の第二のいのちに興味を持って、十余年にわたって木材の老化の研究を続けて来た。この研究によって得られた結論は、西岡氏の直観を裏付けするものであった。以下そのことについて述べようと思う。

木は人間臭い材料である。千三百年経った法隆寺の古い柱と、新しいヒノキの柱と、どちらが強いかと聞かれたら、それは新しいほうさと答えるにちがいない。だがその答えは正しくない。なぜなら、木は伐り倒されてから二、三百年までの間は、曲げ強さや硬度がじわじわと上がって、二割くらいも上昇する。この時期をすぎてのち、全体は弱くなり始めるが、その下がりカーブのところに法隆寺材が位置していて、ちょうど新材とおなじ強さになっているからである。

バイオリンは古くなると音が冴えるというが、それはこの原理で証明できる。そして音がよくなるのはある時期までで、無限に続くと考えるのは錯覚だということもわかる。こうした木の強度の変化の経過はいかにも生物的だ。「亀の甲より年の功」という言葉があるが、木はそれがあてはまる材料なのである。木の経年変化は、人間の骨が年をとるのにつれて硬くなり、やがてもろくなって行くのともよく似ているのは興味深い。

木が人間臭いといえば、こういうこともある。バイオリンは背板はカエデ、腹板はトウヒでつくる。日本のヒノキは世界的に優秀な材だから、さる名人は多年にわたってヒノキでバイオリンをつくることを試みたが、どうしても和風のひびきがするというのである。考えてみると、トウヒでバイオリンをつくって、それから洋楽が生まれたのだから、ほかの樹種では無理なことはわかる。だがヒノキが和風のひびきを持ち、トウヒがバタ臭い音色がするというのは、面白い話である。

無機質の材料は新しいときが一番強くて、年代の経過とともに弱くなるのがふつうである。機械もおなじで新しいときが一番性能がよい。こういうものの価値は、年代の経過とともに直線的に低下する。ところが機械を使う人間のほうは、はじめは能率があがらないが、だんだん習熟してカーブは上昇する。この組み合わせを研究するのは人間工学の領域だが、無機系の材料と生物系の材料とでは、その特性曲線に大きなちがいのあるのは、興味あることである。

科学技術の急速な進歩で、われわれはすべての対象を物理的、化学的に分析すれば、それでことは足りると信じすぎて来たきらいがあった。だが生命を持っていたものは、たとえ木のような単純な材料であっても、無機質のものとちがって、もう一つの神秘的な次元を持っているらしい。そうした見方をつけ加えることによって、いまの人間疎外といわれるこの環境は、もう少しうるおいのあるものになるのではないか、とわたしは思う。

木は人間とおなじように生物で、細胞というかつて生命を持っていたものの遺体が、無数に集まってできた材料である。わたしはこうしたものを生物材料と呼ぶことにしているが、もめんも絹も木とおなじく生物材料である。なべてこういう材料は、物理・化学試験の成績では最上位にならない。だが総合的にみて、一番秀れた人間に向く材料であることについては、第二章において述べたとおりである。

人類学の話をするとき、バタ臭い顔、日本人的な顔、のっぺりとした顔というと、大変よくわかる。だが、こういう文学的な表現では学問にはならない、という根強い風潮がある。そこで顔の骨を精密に測定して計算機を回すことになるが、いくら計算機を回しても、バタ臭さや日本人らしさは出て来そうもない。ということは分析的手法には限界があるということである。したがって、材料を選択するときは、これまでの分析的な評価のほかに、もう一つなにか総合的な立場からの評価を加えなくてはならない。つまり総合と分析を合わせた「合析的評価」が必要だということである。それは、とくにものを設計する立場に立ったとき、忘れてはならないことであるが、木は無言のうちにそのことを教えてくれる材料だという気がしてならない。

多くの材料は風雨にさらされると、風化して醜くなる。工業材料はとくにそうである。だが、石や木のような自然材料は、その間に別な美しさが加わって来る。自然材料の中でも、木や紙のような生物材料は、大気中で年を経るにつれて一種の風格とでもいったものがそなわって来て、われわれの心をひきつける。この表面の変化については、わび、さびといった立場からしばしば論じられているところであるが、一方内部の材質の変化ということについては、ほとんど触れられていない。そして単純にただ劣化の一途をたどるだろうと考えられて来た。

しかし、長い間木を取り扱って来た人たちの間では、木はいささか事情がちがっていて、その変化は無機質材料のように単純ではないということが知られていた。だがそれは体験による感得であって、第三者を説得するに足る資料が乏しかったのである。わたしはこの点に興味を持って、木材の老化を調べてみようと思い立った。その内容は大気中におかれた木材の材質が、千年たったらどのように変化するか、また地中に埋まって数万年たったらどのように変わって行くかを、明らかにしようというものである。つまり木の第二の生をたどってみようというわけである。以下それについて説明する。

試験の材料

この研究を語るには、まず試験材料について明らかにしておく必要があるので、それから説明しよう。試験材料はいわゆる古材と呼ばれるものであるが、それには二種ある。一つは古い建築に使われていた木材であり、もう一つは地中に埋まって長い歳月を経過した木材である。まず第一の建築材であるが、これは飛鳥時代から江戸時代にいたるまでの、古い建物に使われていた木材である。具体的には柱や梁や、垂木などの一部分と考えていただけばよい。これらの試験材は、お寺を修理解体するときに集めたもので、その数は針葉樹で約百個、広葉樹で約二十個に及んでいる。収集の時期は昭和二十年（一九四五）から三十年までの十年間であった。ところで大きなお寺を解体してもそこから得られる試験材は一つか二つしかない。なぜなら建物の全体がおなじ時代につくられていて、用材の種類は一種か二種に限られているからである。したがって、これらの試験材は数十に及ぶ古社寺の修理のときに集めたものである。そのリストを参考までに巻末に一覧表として掲載した。

次に地中に埋まっていた材というのは、いわゆる埋没材のことで、その多くは、遺跡から発掘されたものであった。経過年数は数百年ないし数万年であるが、その中で年代推定の確かなもの

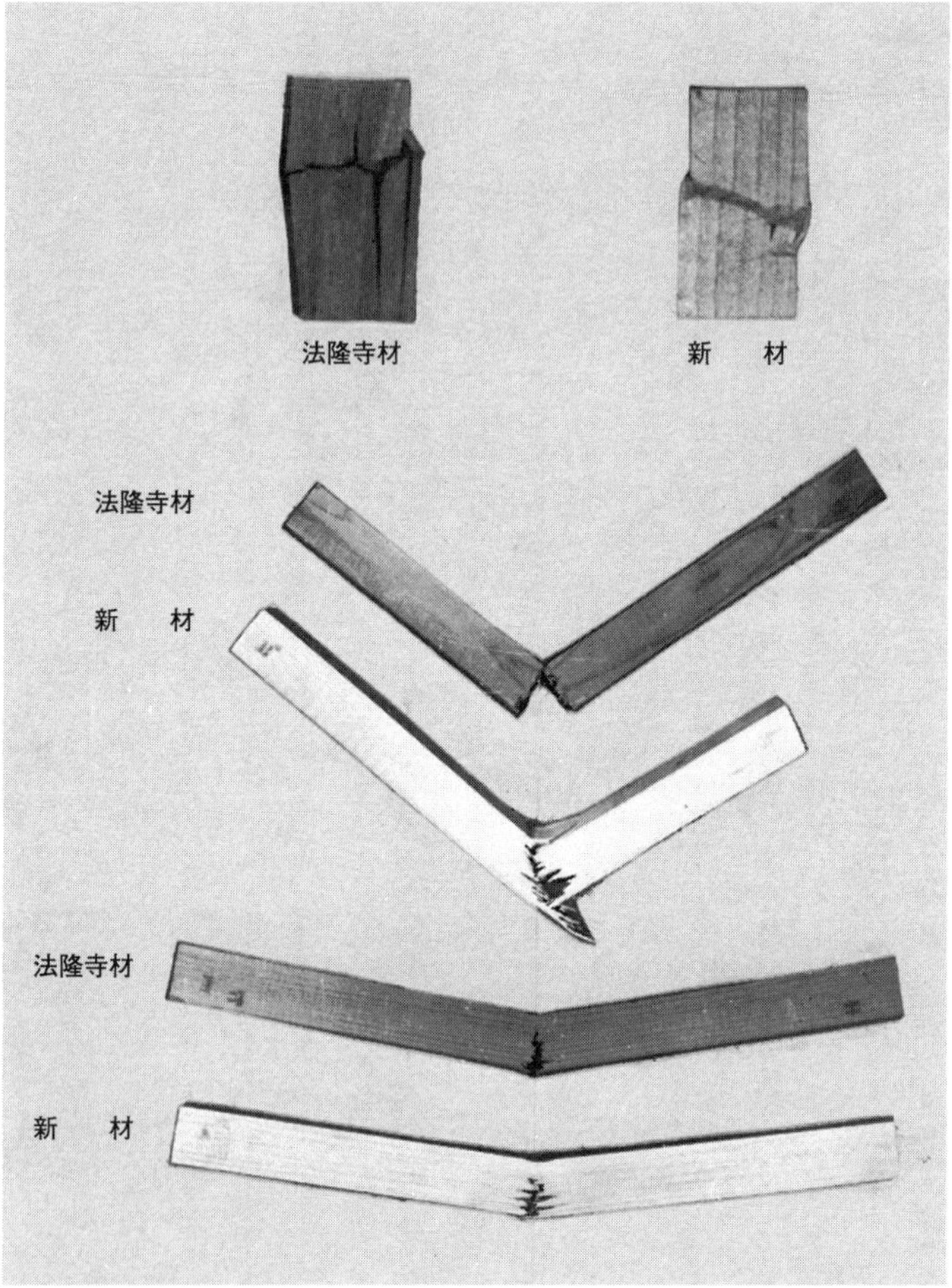

強度試験の破壊形のちがい
法隆寺材とヒノキ新材の比較。上から圧縮、衝撃曲げ、曲げ試験

約四十個が試験材として使用されている。

なおここで、風化と老化のちがいについて、ひとこと触れておきたい。風化というのは、材の表面に近い部分に始まる分解作用をいい、老化というのは、日光や風雨に関係なく、材の内側で長い歳月の間におこる材質の変化をいう。いま法隆寺の柱を例にとって説明しよう。柱の表面は灰色をおびているが、ひと鉋かけた内部は褐色になっていて、この色調は中心にいたるまで一様で変わらない。この場合の表層の部分の変化が風化で、内部の変化が老化にあたるわけである。以下に述べる老化のデータは、内側の褐色になった材部についてのものである。

さて試験の結果であるが、説明はまず建築古材の老化について述べたのちに、埋没材の老化の特徴を記することにしたい。なお建築古材についていえば、針葉樹と広葉樹の間には著しいちがいがあるので、本文の中では針葉樹の代表としてヒノキを、また広葉樹の代表としてケヤキをとりあげ、この二つを比較しながら、木材の老化とはどのようなものかを説明していくことにする。

強さの経年変化

木材が古くなると強さがどう変化するかということは、一番興味深い話題であるし、実用的にも関係の深いことであるから、まずそれから述べよう。ヒノキについて試験した結果を整理してみると、次の四つの図のようになる。これからわかることは、曲げ、圧縮、硬度などの強さは、

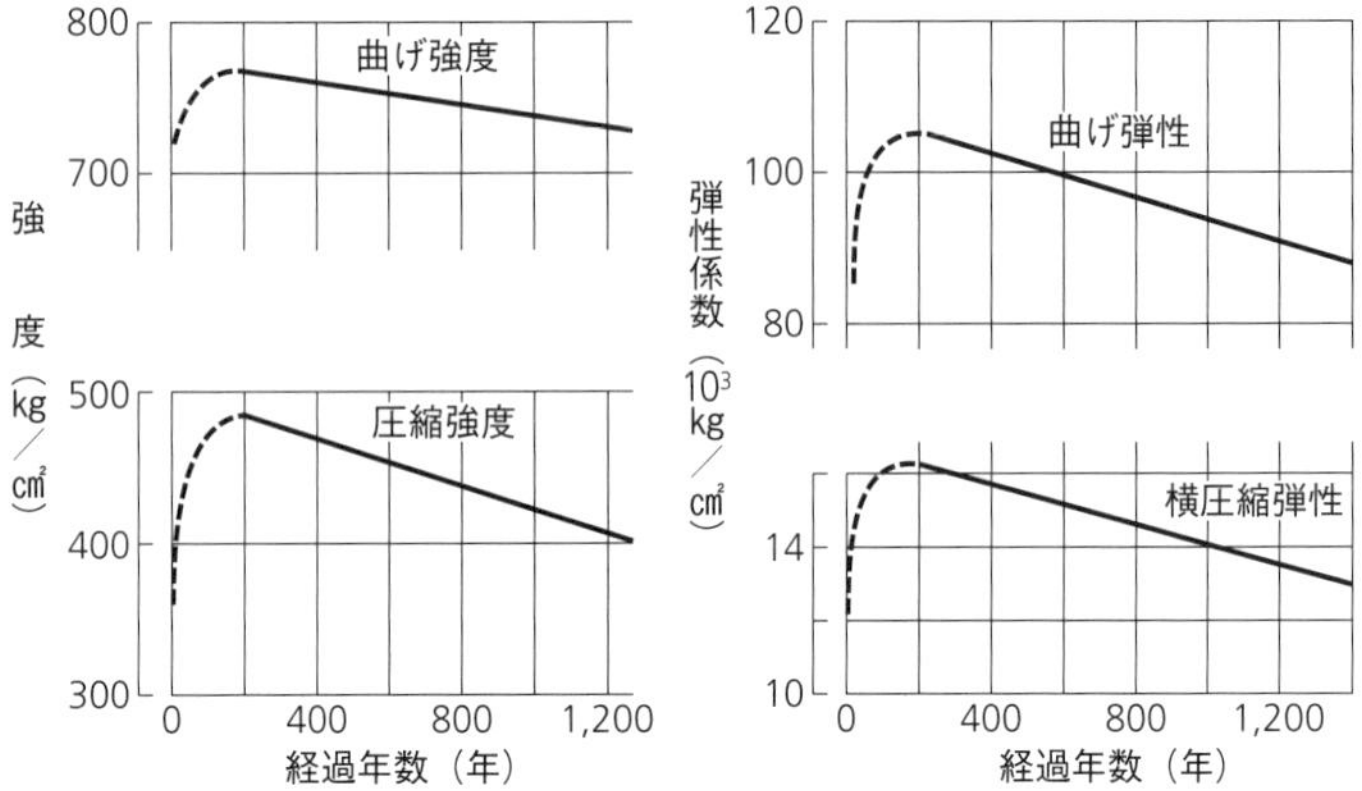

強さの経年変化

いずれも二百年くらいまでの間は、じわじわと増大し、最大三十パーセントほども強くなる。しかるのち低下して、千余年を経てようやく新材とおなじ強さに戻るということである。一方、衝撃値は右の図のようで、三百年ぐらいまでの間に三十パーセントほど低下し、その後はほとんど変化しない。つまりヒノキは古くなるにつれて、硬く強く、かつ剛くなるが、一方ではそれと平行して脆く、割れやすくなって行くことを示している。したがっ

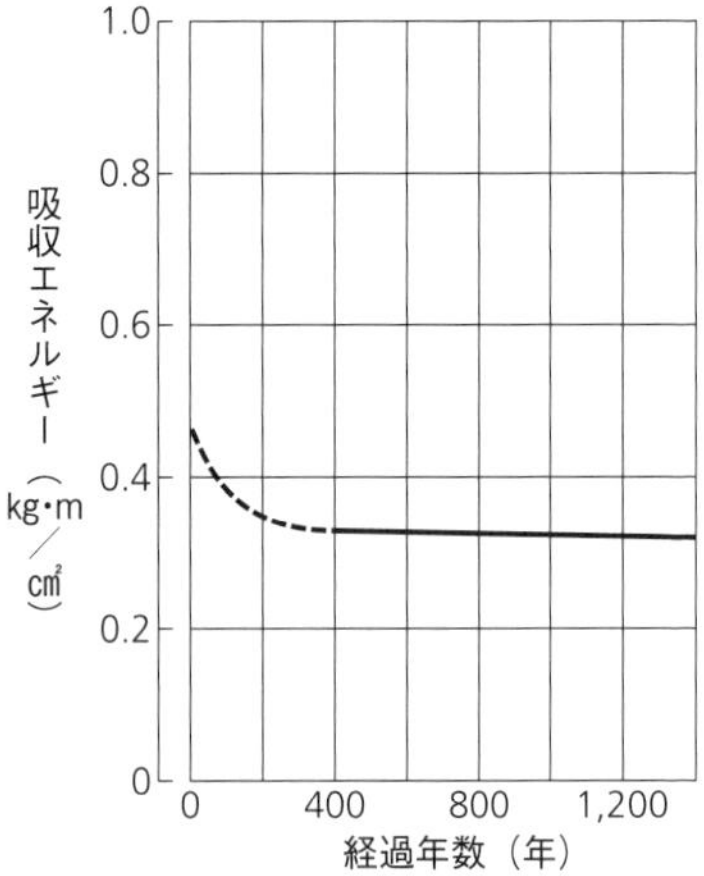

衝撃曲げに対する強さの経年変化

て法隆寺の建築材は、一部の強さを除いては、創建当時とほとんど変わっていないことになる。これはまことに驚くべきことである。

一方、広葉樹のほうはどうであろうか、その代表であるケヤキの強度の経年変化を示すと、左図のようである。これを見るといずれの強さも、新材のときはヒノキの約二倍あるが、全体として劣化が速いので、数百年でヒノキよりも弱くなってしまう。ケヤキのほうはむしろ常識的に考えられる経年変化の形になっているといってよい。ところでヒノキとケヤキの経年変化の様態が、このようにちがうのはなぜであろうか。そこでまず、化学的組成について調べてみることにしよう。

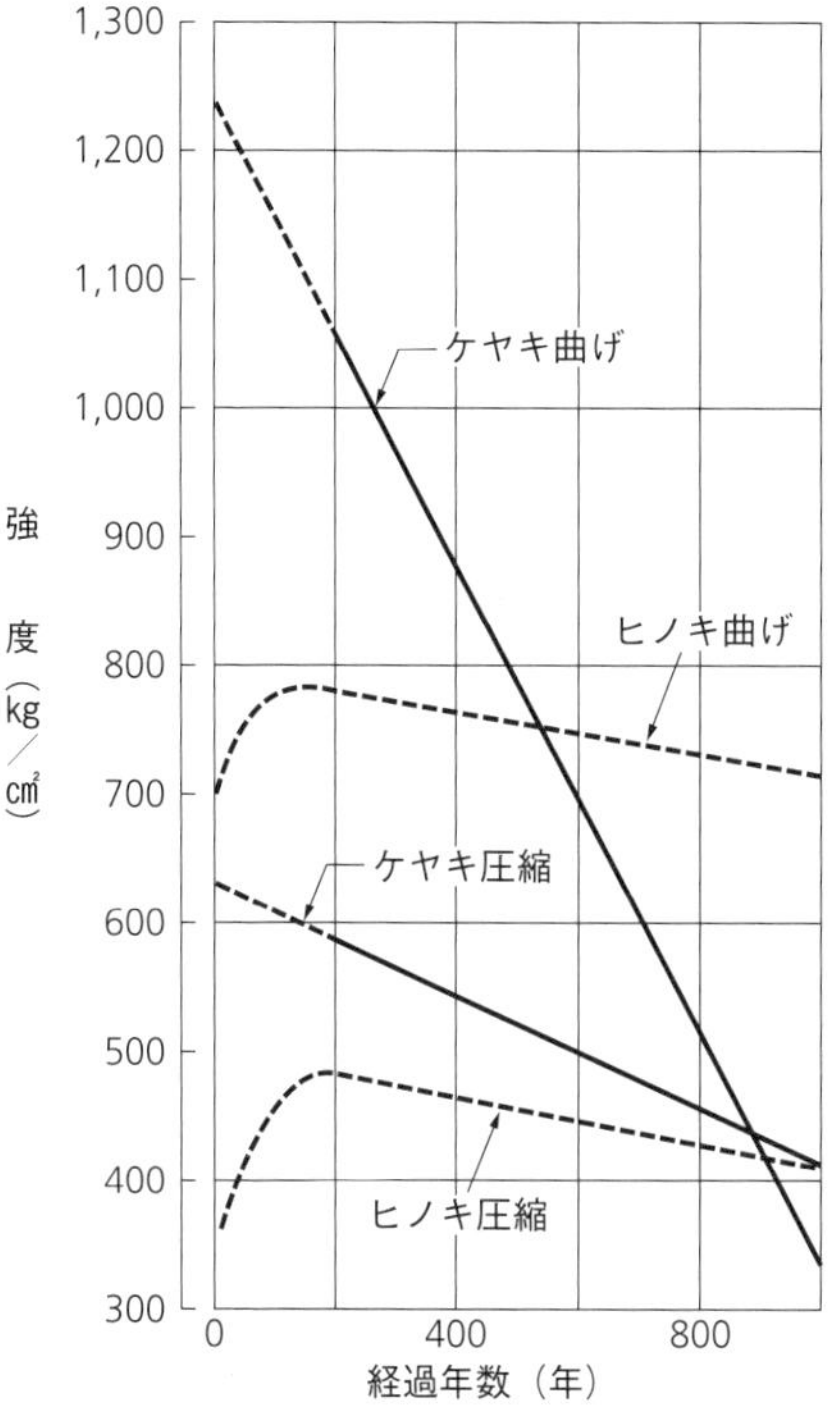

ヒノキとケヤキの強度の経年変化

ヒノキとケヤキの化学的組成分の経年変化は、次ページ図のようである。すなわちセルロースは減少して、そのかわりに各種の抽出物が増える。そしてリグニンはほぼ一定で変化していない。抽出物はセ

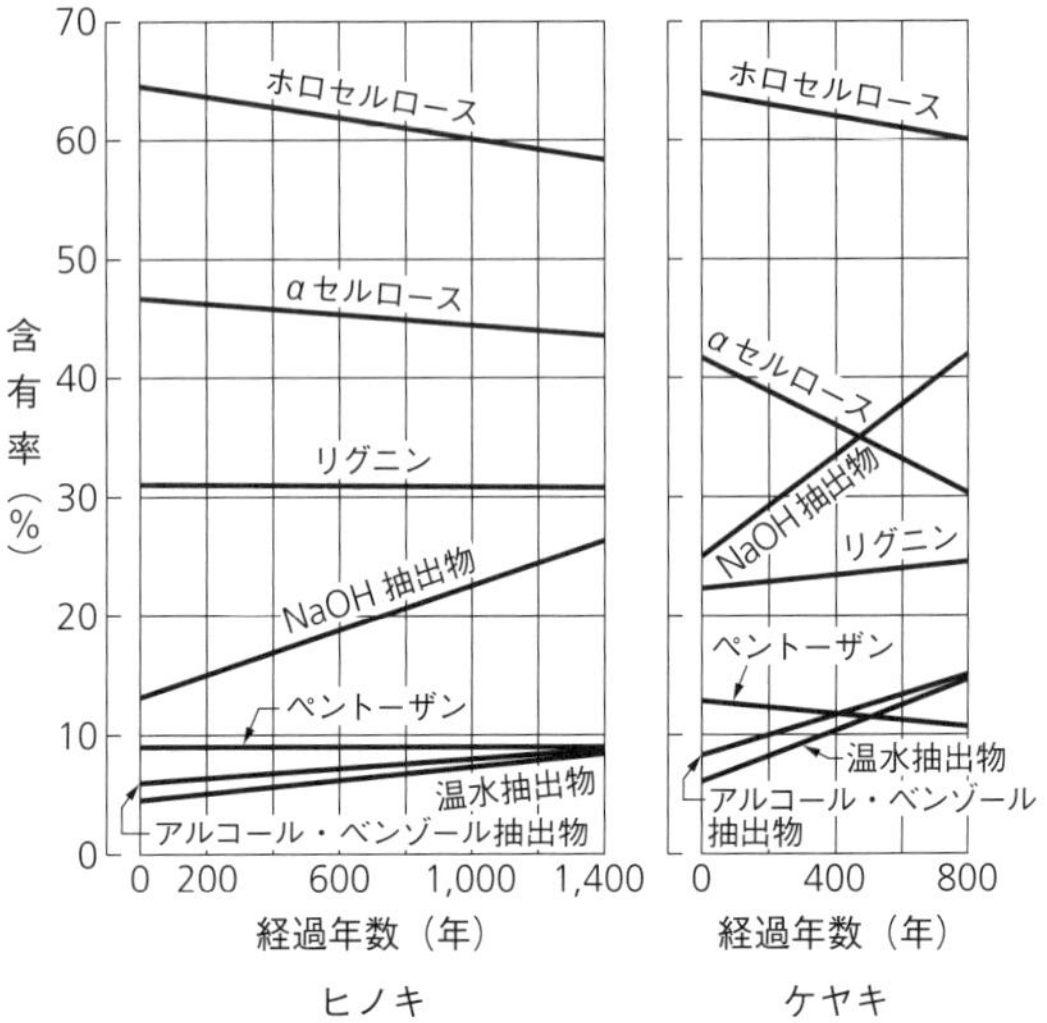

ヒノキとケヤキの組成分の経年変化

ルロースの崩壊したものと考えてよいから、木材全体としては増減がないわけである。

次にケヤキについてみると、組成分の増減する傾向はヒノキと同様であるが、その速度には著しいちがいがあることがわかる。両者の間にこのような差が出るのは、セルロースの崩壊に対する抵抗力がちがうためである。αセルロースの崩壊の速度を比較してみると、ヒノキとケヤキとではおよそ一対五の比である。そのことはいい換えれば、ヒノキの五百年間の老化は、ケヤキ百年間の老化に相当するということである。

強度を支配する最大の組成分は、いうまでもなくセルロースであるから、そのことについてもう少し調べてみよう。次は結晶領域の変化について述べる。

さきに、木材は古くなるにつれて、セルロースが崩壊して次第に弱くなって行くことについて述べた。だがそれだけではいったん強くなる理由はわからない。強くなるのは崩壊と同時にセルロースの内部に結晶化がおこるためである。以下それについて説明する。

　木材の主成分はセルロースであるが、セルロースは長い鎖状の分子であるから、むしろ糸と考えたほうがわかりやすい。細胞壁はこの鎖状の糸が並んでできている。並び方の規則正しいところが結晶領域、並び方のみだれているところが非結晶領域であるが、木材は大気中に長く放置されている間に、非結晶領域の分子の手が少しずつ結びついて、結晶領域は僅かながら増えて行く。ただし、この増大はあるところで飽和状態になって、それ以上は増加しない。その様子は左図によって知ることができる。木材はこの結晶領域が増大するにつれて、材質が硬くなって行くのである。

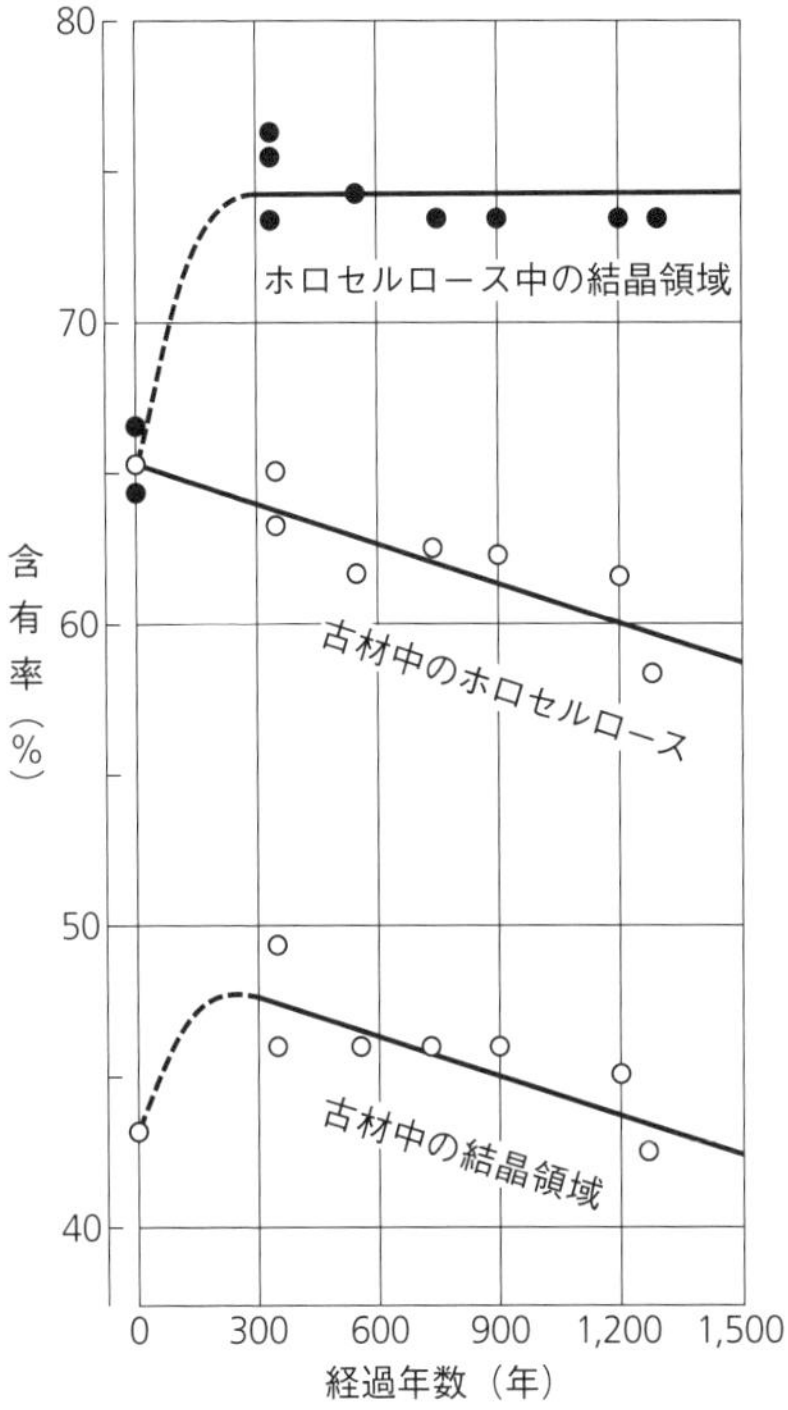

結晶領域の経年変化

　ところでさきにも述べたように、セルロースは年代の経過とともに崩壊して行く。その状況はホロセルロースの傾斜曲線が示すとおりである。ということは木材は古くなるにつれて、一方で弱くなる因子が作用するが、その反面強くなる因子も作用する。この二つの相互の働きによって強度がきまって来る。そう考えれば経年変化の曲線が、いったん上昇して、そののちに下降する理由も納得できる。前図の下段は崩壊と結晶化、つまりマイナス因子とプラス因子の増減を知るため、古材の中に存在する結晶領域の量を測定したものである。この曲線と強度の経年変化がきわめて相似の関係にあることは、上に述べた推測が妥当であることを裏付けするものと考えてよい。なおここで、ヒノキの経年変化に上昇があらわれ、ケヤキにあらわれなかった理由は、ケヤキは崩壊の速度が速いのでマイナスの因子が強く働き、プラスの効果が試験データにあらわれなかったと考えれば、説明できよう。

以上のように見て来ると、結晶領域の増加が、木材の老化を特徴づける一つの要素と見なすことができる。前図はそれを化学的な方法によって説明しようと試みたものであったが、これと裏表の関係にあるもう一つの側面に、吸湿性と伸縮性があるので、それについて説明する。

吸湿性と伸縮性

木でものをつくるとき、一番困るのは狂うということである。それは木が水分を吸って伸びたり縮んだりするからであるが、この伸び縮みには著しい方向性があるので余計に厄介である。このことについては第二章の中で説明した。ところで木の中に吸収された水蒸気は、細胞壁の非結晶領域のところにまでは入って行くが、結晶領域のところには入れない。したがって、もし古材の結晶領域が増えているとすれば、吸湿量が減るはずである。そして当然の結果として、伸縮量もまた少なくなると予想していい。

そうした立場から調べたものが、左の図である。上段の図は試験片を10^{-3} mmHgの減圧下に保ち、水蒸気を少量ずつ送り込んで吸湿させていったときの経過曲線であるが、古材は新材よりもつねに含水率が低いことを示している。また下段の図は各年代の古材について、吸湿と脱湿をくり返しながら、膨張、収縮を二十二回反復させ、その平均伸縮率を示したものである。この結

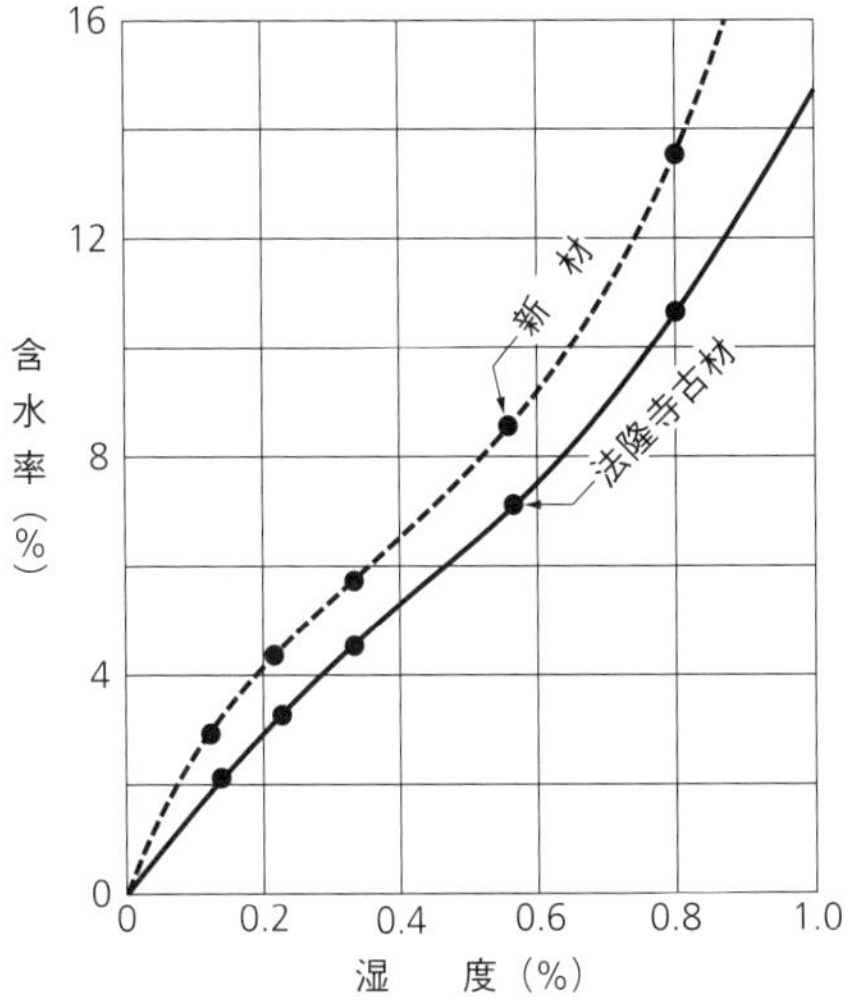

古材と新材の吸湿性

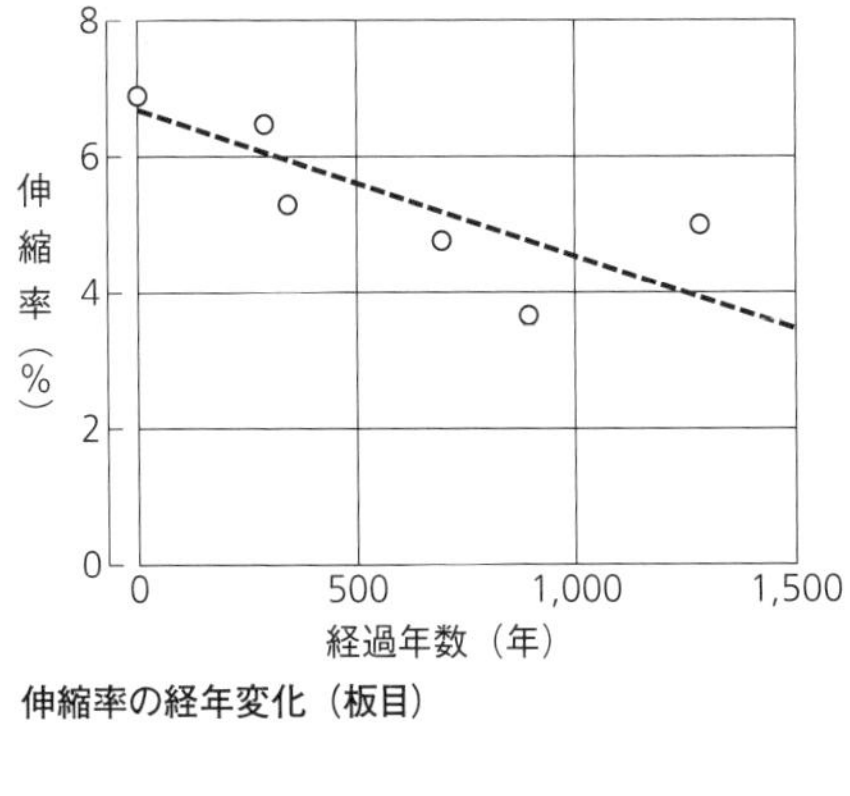

伸縮率の経年変化（板目）

果から伸縮率は木材が古くなるにつれて順次減って行くことがわかる。いまヒノキについて見ると、板目方向の伸縮率は新材では七パーセントであるが、法隆寺材では四パーセント程度になっている。

なお念のためここでつけ加えておきたいのは、「枯らしの効果」の誤解についてである。よく木材は古くなると伸び縮みしなくなるといわれているが、それは錯覚である。もともと木はセルロースでできているものだから、何千年経っても水分を吸ったり吐いたりする性質を失わない。だから当然伸びたり縮んだりする。だが古くなるほど、その動きは減って行く。それが枯らしの効果であって、伸び縮みは決して零にはならないのである。

以上は古材の強度の特性と、それが変化して行く理由について述べた。それからわかったことは、建物の寿命を長く持たせるには、針葉樹のほうが秀れているということであった。一般に木材の強さは比重に比例するが、針葉樹は材が軽軟であるから、重くて硬い広葉樹よりも弱い。しかし老化に対する抵抗は逆に大きい。つまり針葉樹は新材のときは弱いけれども長持ちするわけである。その理由はなぜであろうか。それは細胞構造のちがいによる。木材の細胞はセルロースのフクロで、それがリグニンという接着剤で固められている。その固まりがふつうにいう木材である。針葉樹はリグニンの含有量が多いので、リグニンがセルロースのフクロを保護する。そのため崩壊の速度が遅いのである。ヒノキの老化に対する抵抗が、ケヤキよりも大きいのはそのためである。

以上のように考えて来ると、法隆寺や正倉院のような古建築が、今日なおよく輪奐《りんかん》の美を伝えているのは、構築材であるヒノキの優秀性に負うということがよくわかる。あれがもしケヤキのような広葉樹であったら、とうてい今日の姿を保つことはむずかしかったであろう。

次は色の変化について述べる。

木材の肌は新しいときは淡い黄色を帯びた白色であるが、古くなるとその内部まで一様に褐色を帯びて来る。これも古材の特色の一つであるが、それについて説明しよう。

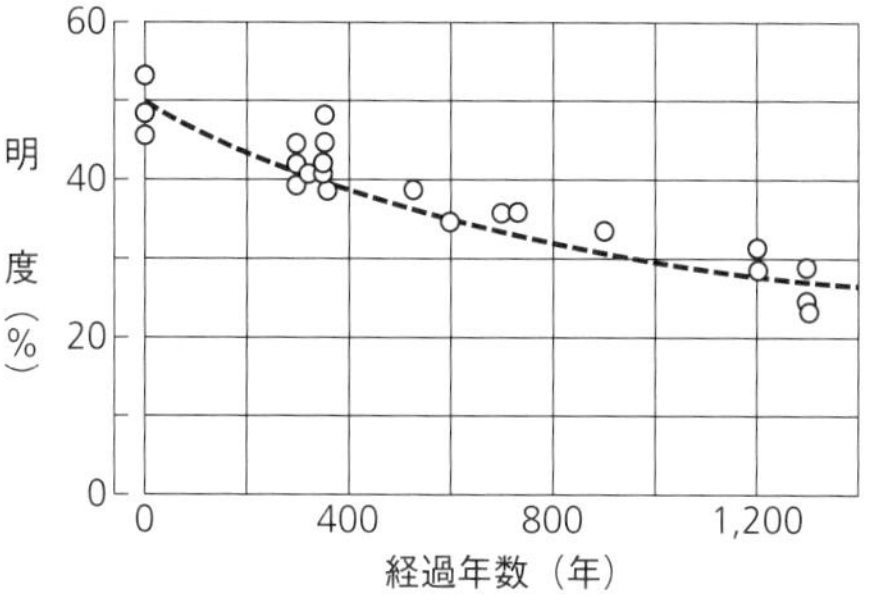

明度の経年変化

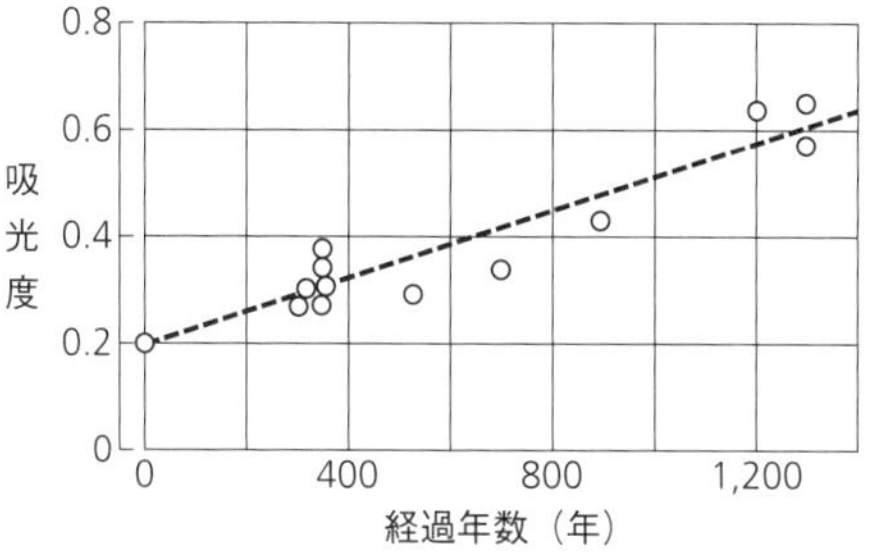

吸光度の経年変化

三色色度計によって測定してみると、古材どうしの間では色度にはほとんど差がなく、われわれが材の色の差を認めうるのは、主として明度によるものであることがわかる。そこで古材の材面の反射光線について明度を測定してみた。その結果は上の上段図のようで、年代の経過とともに明度が下がって行くことがわかった。

次に組成分を溶剤で抽出して、

それが光の透過を遮断する量、つまり吸光度との関係を測ってみた。その結果は下段の図のようであった。このことから古い材ほど色が濃くなっているが、それは抽出成分が増えているためであることがわかった。つまりセルロースが崩壊して抽出成分になり、それが着色物質に変わって色が濃くなって行くのである。

以上述べたところからもわかるように、着色の度合いは、木材の古さを示す一つの目安になる。事実、わたしのところに集めた試験材についても、色の濃い順番に並べてみると、年代の順番とほとんど一致する。

埋没材の老化

以上は地上にあって長い歳月を経過した建築古材を対象にして、木材の老化について述べた。ところで地中に埋没していた木材の老化は、地上にあった材とどのようにちがうのであろうか。それについて説明する。

埋没材はほとんどが水と接触していたものであるから、それは水中における老化と見なして大きな誤りはない。水を十分与えた場合には、セルロースの崩壊は速い。しかもセルロースから変質した抽出成分は、水に溶け去ってしまうから、リグニンのみが残るはずである。埋没材について試験してみると、この推測はそのままあてはまる。したがってこれが埋没材の老化の特徴と見

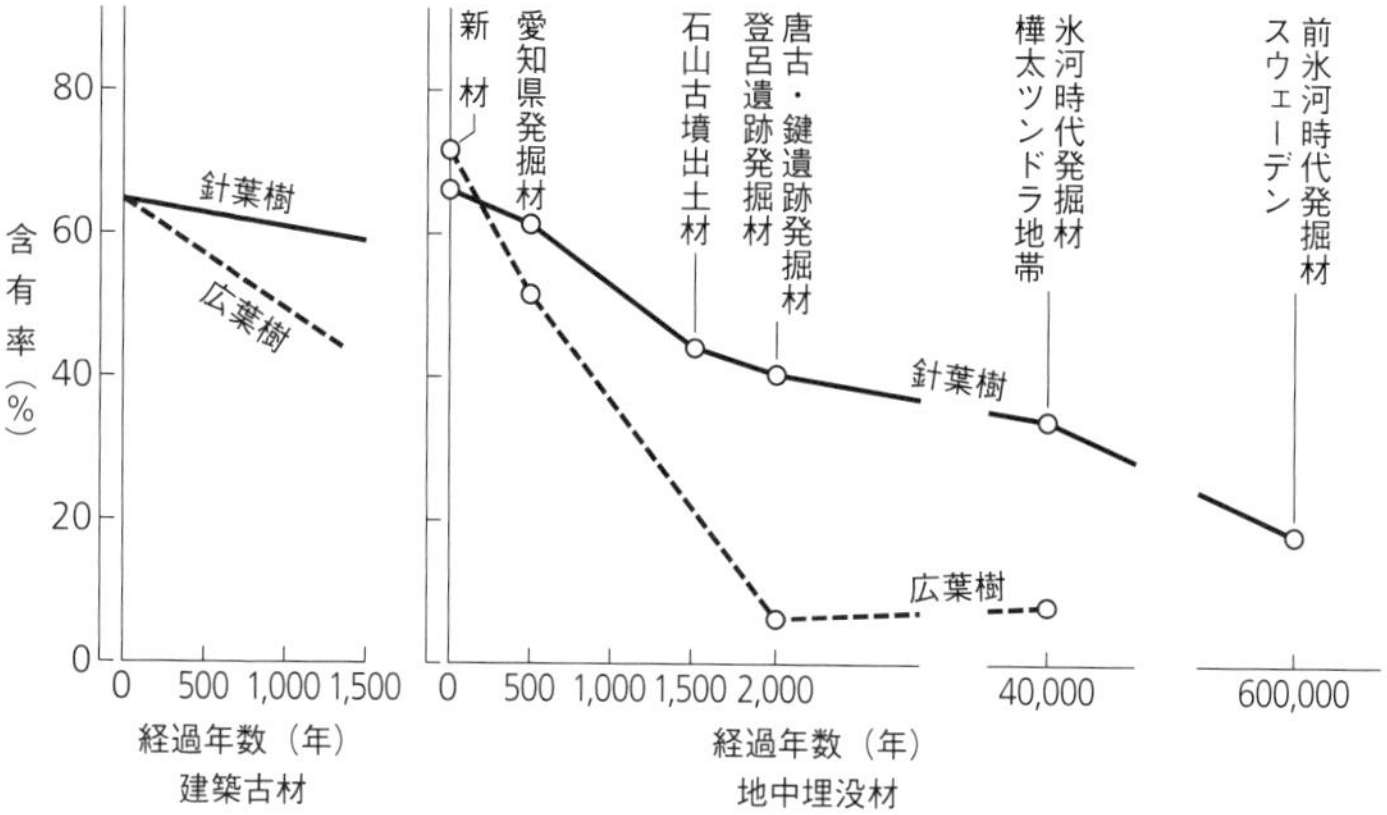

建築古材と地中埋没材のセルロース崩壊

なしてよいことになる。

さて地上にあった建築用材の場合には、針葉樹の老化と広葉樹の老化との間には、その速度にかなり大きい差があった。ところが埋没材の場合には、その差がいっそう甚だしいのである。上図にそれを示した。図の左側は、地上にあった建築材の針葉樹のセルロースと、広葉樹のセルロースが崩壊して行く様子を、実線と点線で示してある。また右側の図は、地中に埋没していた材の、針葉樹と広葉樹のセルロースの崩壊して行く経過の比較である。埋没材は五百年から六十万年までのものが記入されているが、針葉樹は四万年を経た材でも、セルロースはなお四十パーセントも残っている。しかし広葉樹は二千年でほとんど消失してしまっている。

埋没材についてのこの事実は、遺跡を発掘したときよく見かけるところである。針葉樹の発掘材は、外見はひどく腐朽しているように見えても、押してみると、弾力性があって形はくずれない。そして乾いてからのちも、ナイフで削ることができる。新材とちがうのはただ軽いだけである。それはセルロースが減っているためである。ところが広葉樹のほうは、一見しっかりしているようでも、押すとつぶれて形がくずれてしまう。そして乾くと収縮してもはや刃が立たないほど固くなってしまう。それは細胞壁のセルロースがなくなって、接着部分のリグニンだけが空洞になって残っているためである。だから遺跡から発掘した木製品は、水に浸けて乾燥しないように注意しなければならない。埋れ木でもとの形を忠実に残しているものがあるが、それは微粒の鉱物質が空洞部分に置換したためである。

老化の機構

これまでに古材の強度や物理的性質は、新材にくらべてどのように変化して来ているかを述べた。それによって、木材の老化とはどんなものかというおよその見当がついて来た。ところでいまもし、人工的に古材をつくることができれば、老化の正体はなにかということが、もう一つはっきりして来るはずである。そこで人工的に古材を再現する方法を考えてみることにした。ところがこれがなかなかむずかしい。わたしはこの研究の途中で、古材の山に囲まれて半年ほど無為にすごすことになった。

ところがある日ひょっこり知り合いの家具職人が訪ねて来た。彼は法隆寺古材を見て、

「これはコタツのヤグラとおなじじゃないか」

といった。そこではっと気がついた。なるほど反応速度は温度を上げてやれば速くなるから、古材は常温というきわめて緩慢な熱処理の長い累積によってできたものであり、ヤグラは急速に熱処理をした人工古材と見なすことができるはずである。そういう観点から、木材を低い温度で長い時間をかけて熱処理してみたのである。すると古材と非常によく似た変化を示すことがわかって来た。その一例が左の図である。この図は熱処理によって吸湿性が減ることを示している。吸湿性が減れば当然伸縮性も減って来る。また次ページの図は組成分の変化であるが、その傾向は古材とまったくおなじである。そのほか色についても、強度についても、おなじ傾向をとることが明らかになった。以下その例としてオールドバイオリンを試作したときの話をしよう。それは昭和三十年（一九五五）ころのことであるが、京都にさる有名なバイオリンづくりの名人がいた。その方はヒノキは世界的に優秀な材だから、それで名器をつくろうと苦心されていた。その方の依頼を受けてオールドバイオリンの用材をつくったのである。まず木曾ヒノキの丸太を割っておなじ部分から四枚の腹板を木取りし、無処理、五十年、百年、二百年を目標

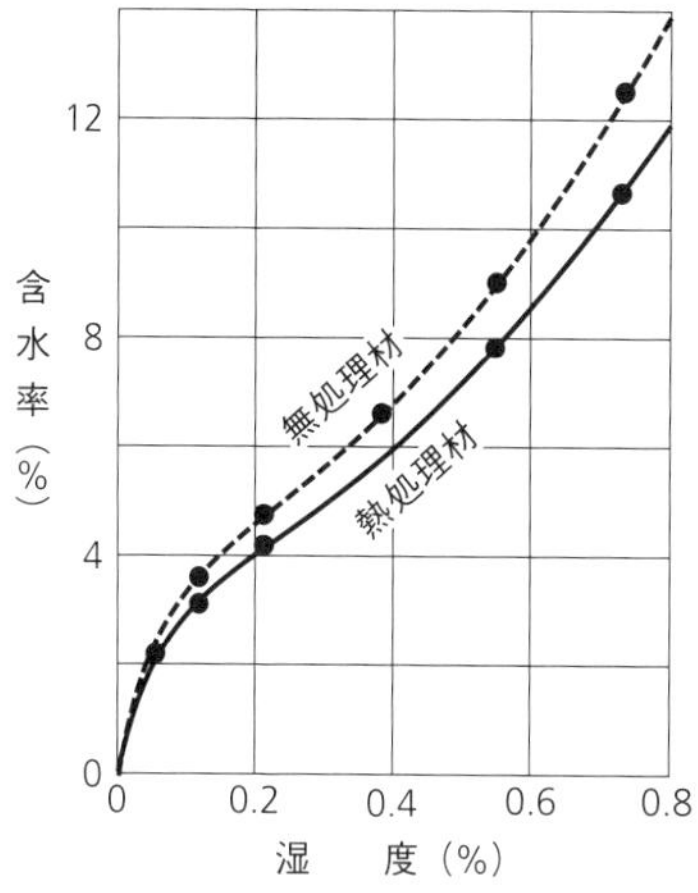

熱処理材の吸湿性（ヒノキ、130℃、5時間）

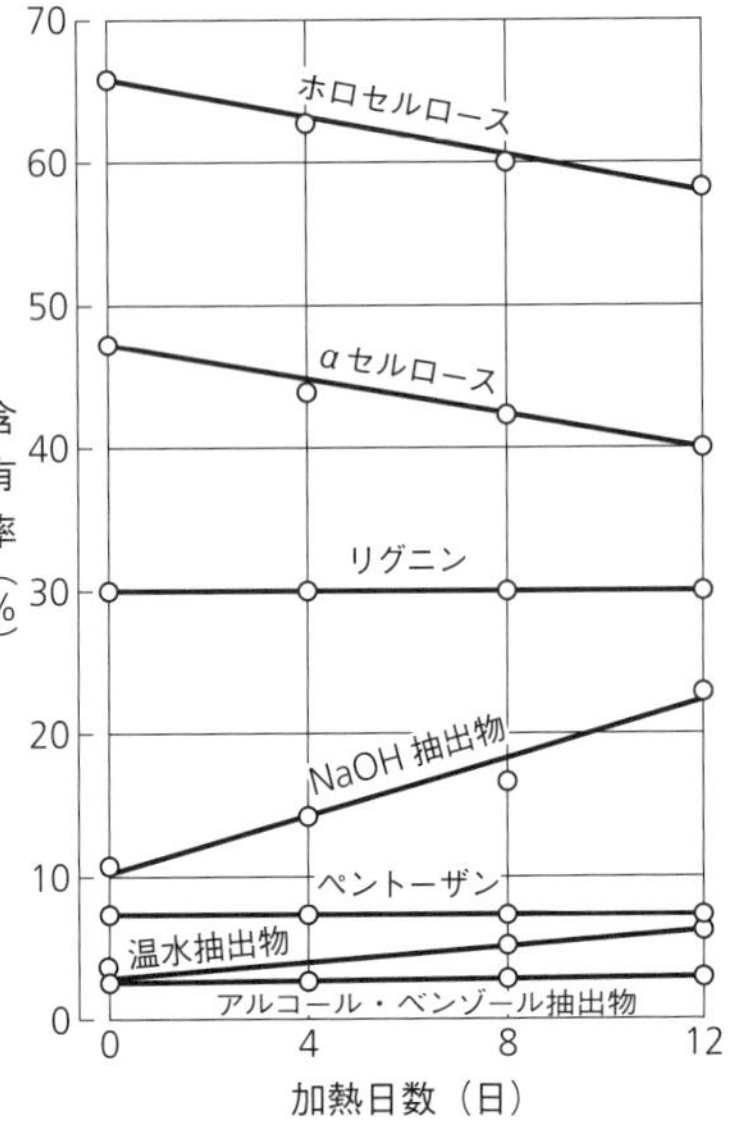

熱処理による組成分の変化（ヒノキ）

にして人工老化を行ない、それを使って名人がバイオリンをつくった。それらについてためしたところ、古いほど音がよく、二百年のものが一番秀れていた。このバイオリンはアメリカのさる演奏家が買って帰ったということであった。

　この場合は温度を五十度Cにして処理したので、ずいぶん長い時間がかかった。温度を上げると時間は早くなるが、結晶化の効果があらわれにくいので音は冴えない。音をよくするには、なるべく低い温度で長い時間かけたほうが効果的である。この原理をピアノの響板に応用しようと、さるメーカーが試みた。たしかに音はよくなるが、時間が長くかかるので、経済的に引き合わないということで、実用化にはいたらなかった。

　次は色である。色だけを古材とおなじにしようという目的なら、温度を高くしても差し支えないから、比較的簡単である。これは古文化財の修理に応用することができる。いまは古い彫刻を修理するとき、おなじ時代の壊れた彫刻の廃材を使うか、新材に色を塗ったりしているが、右の原理を修理用材をつくるのに応用すれば、これまでのような苦労はいらないであろう。ただしヒノキの場合には、古代色を出すことは比較的やさしいが、キリは独特の色を持っているのでややむずかしい。

これまで、木材の老化とはどんなものかを説明し、またそれを再現させるには熱処理をすればよいということについて述べて来た。この原理をまとめると左図のようになる。この図は縦軸にセルロースの含有率一パーセントの減少に要する時間の対数をとり、横軸に温度をとってある。

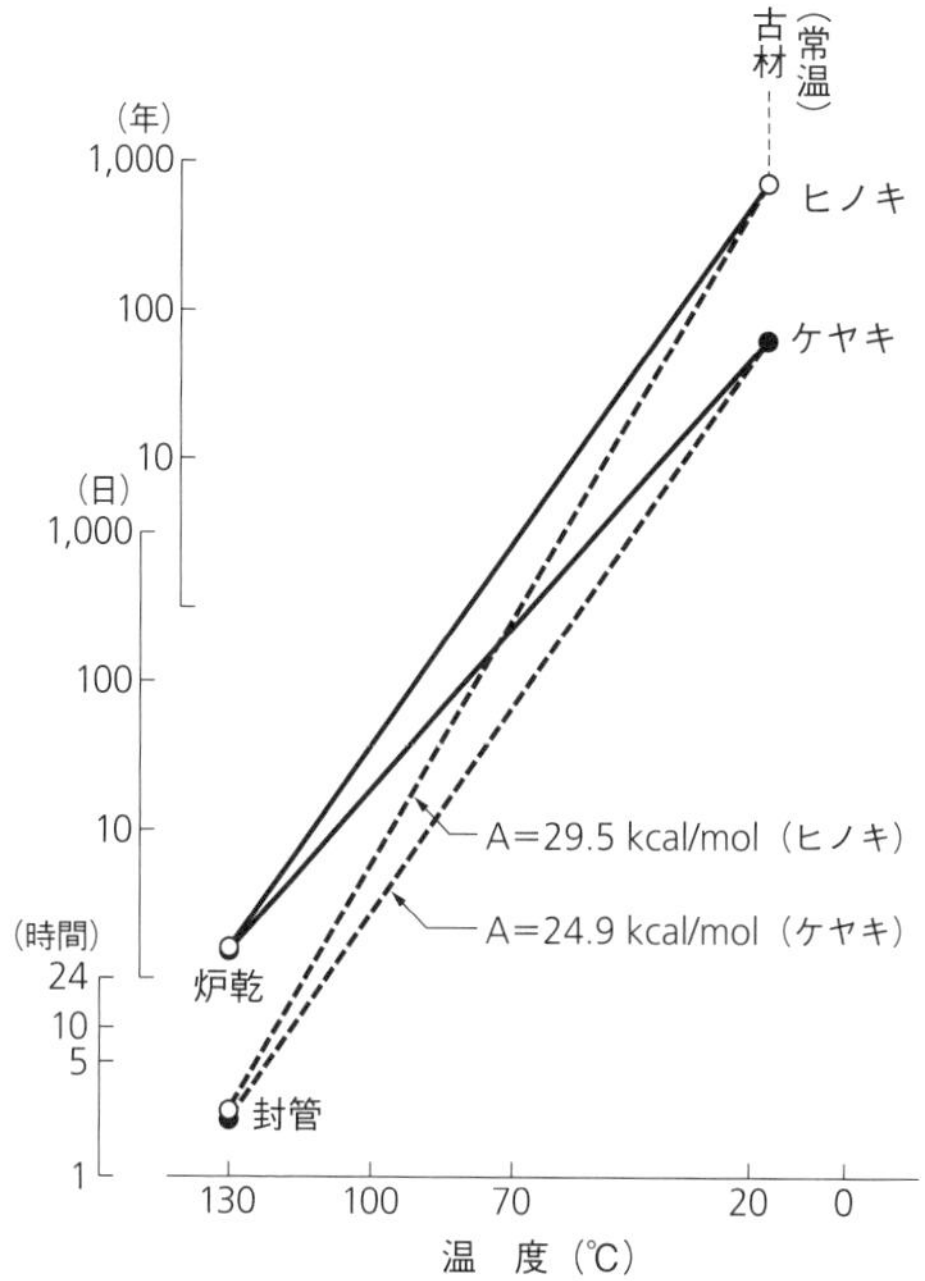

セルロースの崩壊の速度と温度、含水率、樹種の関係
（A：Activation energy）

セルロースの減少とは老化の意味と見なしてよい。いま炉乾の線に沿ってみていくと、常温において千年かかる老化は、七十度なら五百日、百度なら十日、百三十度なら二日程度で再現できることを示している。さらにヒノキとケヤキの崩壊の速度の差は、百三十度ならおなじであるが、温度が下がるにつれて次第にちがいが出て来て、百五度では、ケヤキはヒノキの二倍、常温では約五倍になることも読み取れる。

なおここで封管とあるのは、水分を十分に与えたときのことで、埋没材の条件を意味し、炉乾とあるのは、大気中におかれた建築材の条件を意味している。またこの図から、温度百三十度のときなら、埋没材の場合には大気中の材より十二倍も速くセルロースが減って行くこともわかる。この図を応用すれば、人工的に木材を老化させて、望みの古さの木材をつくることが可能である。

以上、わたしは木材の老化について述べた。その結果を要約すると、強度の変化はセルロースの崩壊と結晶化のからみ合いによって左右されること。また崩壊の速度は樹種によってちがうこと。さらにそれは湿度が高くなるほど速く、水に浸かればいっそう速くなるということであった。これはきわめて常識的な結論といってよさそうである。この実験をすすめる間きわめて印象的だったことは、樹木は伐られて材木になったのちも、いかにも生きものらしい変化をして行くということであった。それについては冒頭に書いたとおりである。

ところで考えてみると、木材について得られた以上の老化の原理は、地球上に存在するすべての有機物や生物に、多かれ少なかれ適用できそうである。生体の反応は、環境の熱的条件によってその速度が左右されると考えてよいからである。南方に住む人たちが早熟で、寒い地帯に住む人たちの寿命が長いことなども、それと関係がありそうだし、熱帯から寒帯に向かって人間の身長が大きくなる傾向のあることなども、これとは無関係ではなさそうに思われる。

最後にひとことつけ加えておきたいことがある。それは有機物について数千年にわたる老化を調べることのできる材料は、木材のほかにはなさそうだということである。たしかに紙や布も有機物だが、それを集めることはむずかしいし、たとえ集めても貴重な文化財だから実験には使えそうもない。またたとえ使えたとしても、風化のほうが大きいから老化のことはわからないであろう。考えてみると木造の遺構が数千年にわたって残っており、それを試験材料として使えるのは、わが国をおいてほかにない。そういう意味からいうと、木材の老化というテーマは、最も日本的なものといえるであろう。いずれにしてもこの研究によって、西岡氏のいう木の第二の生とはどんなものかおぼろげながらわかって来たように思う。

第五章
ヒノキと日本人

針葉樹文化と広葉樹文化

ふつうにヨーロッパの建物は石でつくられ、日本の建物は木でつくられて来たというが、その木とは針葉樹のことであって、針葉樹はまたヒノキによって代表される。それは伊勢神宮や法隆寺を見てもわかることである。住宅にはスギやマツも使われたが、主流はやはりヒノキであった。西岡氏はその長い体験を通じて、木のよさをたたえているが、これもまたヒノキについての話である。

樹木にはヒノキやスギのような針葉樹と、ナラやブナのような広葉樹とがあるが、針葉樹は削ったままの白木の肌が美しく、広葉樹は塗ってはじめて美しくなる。白木を好むのは、ヨーロッパでは北欧の人たち、東洋では日本人が代表である。そこでこの異常なまでのわれわれの白木好みが、いつ日本人の間に定着したのかというルーツを、わたしは彫刻の用材を通じてさぐってみようと考えた。以下このテーマについて、わたしの研究を中心にして述べる。

ヨーロッパ文化に対する日本文化の性格のちがいは、しばしば金に対する木によって代表される。たしかに日本民族は木に深い愛着を持っていて、その感受性の鋭さは、他の民族とは比較にならない。

こうした愛着の深さは、日常の木の使い方にもあらわれる。ヨーロッパで建物の内装や家具の用材として使っているのは、ほとんど広葉樹で、針葉樹は特別の場合に限られている。一方和風の建築では事情はまったく異なり、すべて針葉樹で、広葉樹が用いられるのはむしろ例外に属する。いい換えれば西洋における室内環境の構成は、広葉樹を基盤として成り立っており、日本では針葉樹を主材として構成されている、ということである。

このように針葉樹と広葉樹が、その使われ方に東と西ほどの相違が生まれたのは、二つの木の細胞構造のちがいによる。針葉樹の材は組織が単純でキメがこまかく、削った肌は柔らかい絹糸光沢を持っていて、白木のままで美しい。一方、広葉樹の材は組織が複雑で、木目は変化に富み、材質は堅硬で木肌が荒い。だから削ったままでは美しくないが、いったん塗装をすると、俄然きれいになる。つまり木肌でくらべると、針葉樹には日本画の絵絹のようなうるおいがあり、広葉樹には洋画のカンバスのような味わいがあって、塗ってはじめて美しくなるのである。

材質がちがえば、当然のことながら加工に使う刃物もまたおなじではない。軟らかい針葉樹は小さい角度で、また硬い広葉樹は角度を大きくしないときれいに削れない。だから軟材用の刃物は、硬材には適さないのである。ちがった材質の木を使い、ちがった工具を使えば、生み出される作品が変わって来るのは当然のことである。

以上に述べた針葉樹と広葉樹のちがいはまた、次のようにたとえることもできよう。ひとくちに肉といっても、魚肉と獣肉とではずいぶんちがう。組成も栄養もちがうから、調理法も味付け法もおのずから変わって来る。そのちがいを木についていえば、針葉樹は魚肉にあたり、広葉樹は獣肉に相当する。獣肉の料理がわが国に紹介されたのは明治のはじめだが、広葉樹の木肌に親しみ始めたのもまたおなじころで、それまで日本人は、白木の肌にしか親しんでいなかった。だからニスで部厚く塗られたナラの木肌には、牛肉の脂っこさのような戸惑いを感じた。そして一方ではその異質の木肌を、文明開化のシンボルとしても受け取ったのである。

針葉樹の白木の肌が基調であれば、畳、障子といった植物材料がそれを取り囲むことになる。石と煉瓦で構築され、ブロンズで飾られた部屋には、動物質の絨緞《じゅうたん》を敷き、ニスを厚く塗った広葉樹の家具をおかないと釣り合いがとれない。

さきに述べたように室内環境の構成に、針葉樹の白木の肌を基調にした日本的な流れと、塗らなければ味の出て来ない広葉樹の西洋的な流れとができて、明らかな対比を見せるようになったのは、造形材料としての木の性質を考えれば、ごく自然のなりゆきといってよい。

わたしははじめにヨーロッパ文化に対する日本文化は、金に対する木であらわされると書いたが、以上のように考えて来ると、それはまた、広葉樹文化と針葉樹文化という言葉でおき換えることもできるであろう。

古代人と木

われわれの祖先は、有史以前から木についてかなりの知識を持ち、その材質をよく知って適材を適所に使い分ける能力を持っていたようである。まずそのことから書くことにしよう。

『古事記』および『日本書紀』の中にあらわれる樹木の種類を調べてみると、五十三種もあり、二十七科四十属に及んでいる。この中にはヒノキ、マツ、スギ、クスノキをはじめ、有用樹種といわれるものが十数種もある。その中で興味深いのは『日本書紀』の素戔嗚尊《すさのおのみこと》の説話である。それによると、

「日本は島国だから、舟がなければ困るだろうといわれて、ひげや胸の毛を抜いてまき散らしたところ、ヒノキとスギとクスノキとマキが生えた。そこで尊はそれぞれの用途を示して、ヒノキは宮殿に、スギとクスノキは舟に、マキは棺の材に使え」

と教えたことが書かれている。

ここで大変興味深いことは、以上の記録が考古学的な立場からの調査とよく一致することである。まずヒノキであるが、この木が太古以来建築の用材として使われて来ていることは、伊勢神

宮の例を見てもわかることである。次はスギだが、この木で舟をつくったことが『古事記』にも書かれており、また登呂《とろ》の遺跡から発掘された田舟《たぶね》もスギであった。クスノキも同様で『古事記』にクスノキ舟をつくった記録があるし、現在までに大阪を中心とする地域から発掘された古墳時代の舟もほとんどクスノキである。最後にマキだが、近畿地方の古墳から出土した木棺の材は、そのほとんどがコウヤマキでつくられていることを、故尾中博士は明らかにしている。以上は記紀の中の説話についてであるが、そのほかの古墳や遺跡から発掘された出土品を調べてみると、それぞれの道具ごとに、ほぼ一定の樹種によってつくられていることがわかって来ている。たとえば近畿地方で木製品の多く出土した唐古《からこ》の遺跡を例にとれば、弓にはイチイガシ、農具にはアカガシ、櫛にはツゲが使われている、といったようなことである。

さてわたしは、コウヤマキが古墳時代にとくに選ばれて棺材に使われていたと書いた。それならコウヤマキとはどんな木かという興味がわく。ところがこれは一見平凡でなんのへんてつもない木である。ただし水湿に対して強く、色がいつまでも変わらず腐りにくいという特徴を持っている。そのことは『東雅《とうが》』や『和漢三才図会』にも書かれているところで、わたしの実験した結果によっても、そのことを証明するデータが得られている。

さてコウヤマキが分布しているのは、九州から紀州までの西日本および中部の木曾地方だけである。現在ではその蓄積は少ないけれども、当時はもっと量が多かったであろう。とすればこの木は大和民族が南日本において、一番はじめに見つけ出した重要な用材の一つであったろうとわたしは想像している。

そのことに関連して興味深いのは、尾中博士が朝鮮扶余《ふよ》の陵山里《りょうざんり》にある歴代百済王の古墳の棺材を調べて、それがすべてコウヤマキでつくられていることを明らかにされたことである。ところがコウヤマキは世界で一属一種日本にしか産しない樹種である。植物の分布が、わずか二千年の間に変わることは考えられないから、当時といえどもこの木は朝鮮には産しなかったとみるのが妥当であろう。とすれば、当然この棺材は日本から運ばれたと考えなければならない。

実はわたしは尾中博士のお手伝いをしていたので、木棺の材片を見ていたし、それについて多少の知識も持っていた。だがその後韓国公州の博物館で実物の棺材を見て、それがはるかに想像を超えた巨大なものであることに驚いた。当時あれだけの木材を伐採して運び出し、さらに海を渡るということは並大抵のことではなかったにちがいない。それが歴代の王の墳墓の全部に使われていたという事実は驚くべきことである。

ここで当時の木材の輸送について触れておこう。尾中博士はまた朝鮮楽浪《らくろう》の古墳の棺材が、コウヨウザン（広葉杉）であることを発表されている。この木は中国には産するが朝鮮には分布していない。そこで後漢の『潜夫論』の記録とも合わせ考えて、おそらく中国の四川省産の材であろうと推定された。また、楽浪および南朝鮮慶州の金冠塚からクスノキが出土している。クスノキは日本、台湾および中国南部には産するが、朝鮮（済州島までは分布している）には分布していないので、これもまた朝鮮以外の地から運ばれたと考えられている。以上の事実からみてくると、特殊な用途を持つ貴重材は、当時すでに海を越えて、はるかな遠隔の地まで輸送されていたことがわかる。『日本書紀』の中には、素戔嗚尊の子、五十猛命《いたけるのみこと》が高天原からたくさんの木の種子を持って降りたが、朝鮮には植えないで、大八州《おおやしま》の内に播き、全国をことごとく青山にしたと書いてある。そのことから考えると、すでに神代のころから、朝鮮には良質の木材が乏しかったのかもしれない。

古代の人たちの墳墓構築に対する熱意と努力は、今日のわれわれの想像をはるかに超えるものがあった。そのことは仁徳陵やピラミッドの莫大な作業量からも想像できることである。とすれば、良材を求めて、今日のわれわれが想像する距離をはるかに超えた遠隔の地まで運んだという推測は、許されてよいことであろう。

なおここで馬王堆《まおうたい》のことについて触れておきたい。さきごろ中国では西漢初期の古墳の中から貴婦人の遺体が死後そのままの姿で見つかって大きな話題になった。この墓は厚い木材で何重にも囲んであったので、ああいう奇跡がおこったといわれている。これについて貝塚博士は、

「後代この地を領した呉の王が、長沙《ちょうさ》王の墓をあばいてその棺材で廟を建てたという説話がある。歴史学者はそういう小説は信じないことにしているが、こんどの発掘であまりといってよい一致に驚いた」

と書かれている。写真で見てもこの墓は非常に大きなもので、板幅が数十センチ、長さ数メートル、厚さ十センチ余の大材で組み立てられているらしい。あれなら廟を建てることも可能であろ

う。良材が少なく伐採の道具も十分でなかった当時としては、そうしたこともありえたように思われる。

さてここで、棺材についてまとめてみると、華南から北朝鮮に棺材が運ばれており、日本から南朝鮮に棺材が運ばれたということがわかった。いまここで、華南と日本との関係を知ることができれば、この四者を結ぶ古い時代の文化の交流を、顕微鏡を通してうかがうことができそうである。

以上は東洋における話であるが、古代において貴重材を遠隔の地から運搬した例は、西洋においてもまた見られる。エジプトではピラミッドの中から発見された古代王族の遺品に、数多くの木製品がある。その用材はエジプトには産しない黒檀《こくたん》、紅木《こうぼく》、チーク材などで、遠くインド方面から輸入されたと想像されている。またバビロニア、アッシリアにおいても、木製家具の材料は、はるばる南方から運ばれたと考えられるものがあり、その他にもいくつかの木材輸送の例が報告されている。このように洋の東西を問わず、すでに古代において貴重材が遠隔の地から運ばれていたことがわかるが、ここで注目してよいことは、西洋においては黒檀や紅木のように見た目の美しい材が珍重されたけれども、日本ではごくふつうの木材の中の目立たない優秀さに着目して、適材を適所に使い分けていたという事実である。たとえば、現在肉眼でコウヤマキをヒノキやスギと見分けることは、よほど木の取り扱いに馴れた人でないとできないことである。そのように考えて来ると、日本人の異常なまでの木材に対する愛着の強さは、すでに太古の時代にまで、その源をさかのぼるとみるのが妥当であろう。

クスノキの時代

さきに述べたように、わたしは日本人と木とのつながりを、彫刻の用材を通して知ろうと考えた。その理由は次のようである。第一は、日本では彫刻に木材を使った割合が非常に多く、その数において九十パーセントをこえる。このように木彫が多いということは、世界にその比を見ないところである。第二は、彫刻のような芸術的な要求の高いものでは、素材の持つ性質が作品の形に大きな影響を与える。したがって木材の特性が、造形技術のうえにどのように関係するかを知るには、木彫仏が最も適当な対象の一つと考えられる。第三は、様式と材料との間に、なんらかの相関があると思われるからである。もしそれがわかれば、デザインの性格と材料との関係を論ずるうえで、興味ある話題を提供することになろう。

以上のような理由で、わたしは十年あまりにわたって、彫刻様式の移り変わりにともなって、用材の選択がどのように変わって来たかを調べてみたのである。調査した資料は飛鳥時代から鎌倉時代までの期間に含まれる彫刻約七百点である。それを地域的に見れば北海道から九州までの全国にわたっている。

なおここで樹種の鑑定法について簡単に説明しておこう。木材の識別はふつう一センチ角くら

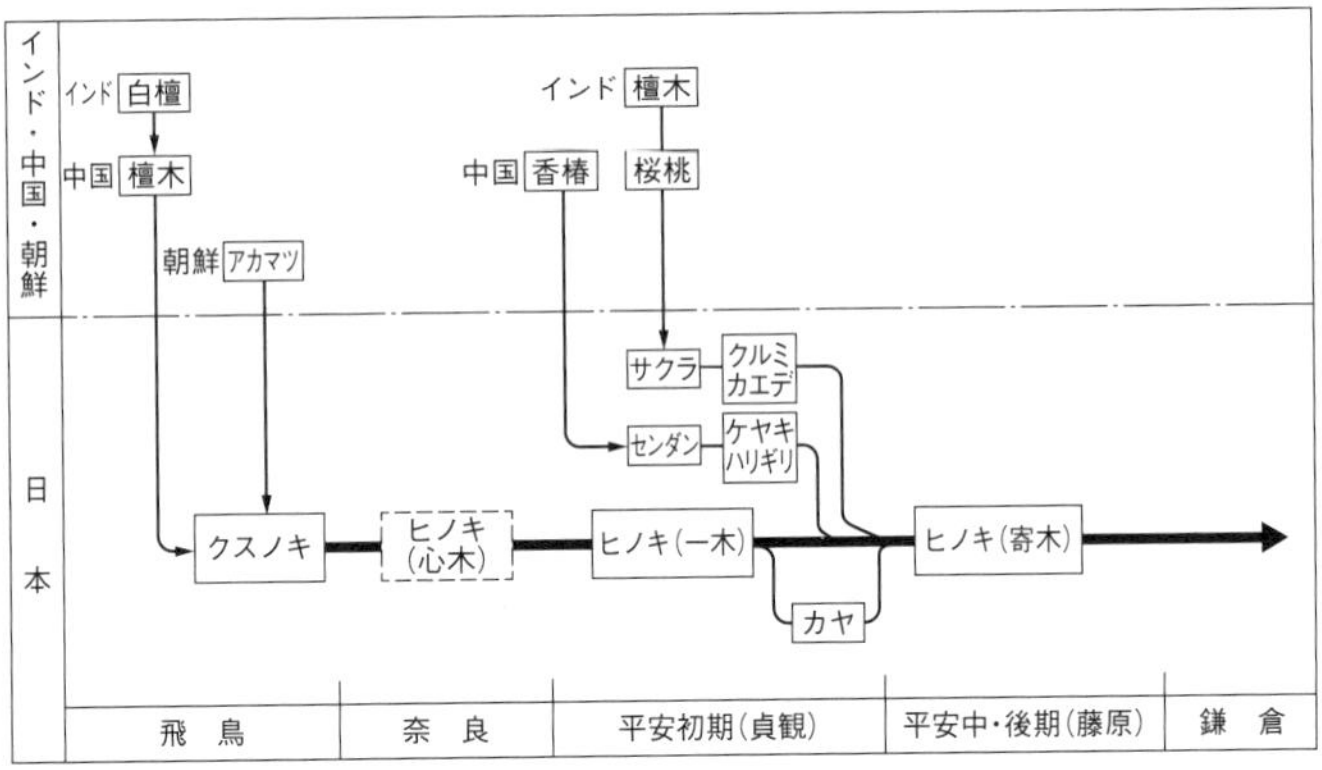

木彫の用材の変遷

いの材片から、木口、柾目、板目の三面を薄く削り取って顕微鏡で調べる。しかし仏像ではそんなことはできないから、ごく小さい毛筋ほどの破片を集めて調べるのである。その破片を顕微鏡でのぞきながら、細胞の特徴を一つずつ拾い集め、それをつなぎ合わせて樹種を判定する、という方法をとる。それはちょうど、犯罪科学のやり方に似ているといったら当たっているかもしれない。この方法で七百点について調べたのであるが、それはまったくの根気くらべといってよい仕事であった。

さて調査の結果を整理すると次のようになった。各時代ごとに彫刻の様式は移り変わって行くが、それにともなって材料もまたおなじように変化し、相互に密接な関係を持ちながら一つの流れを形づくっている。いまそれを大和を中心にした近畿地方に限ってまとめてみると、以下のようである。

飛鳥時代には彫刻の材料としてはもっぱらクスノキが使われていた。ところが奈良時代をへて次の平安時代になると、それらの用材はすべてヒノキに変わってしまう。そしてその移行期にあたる奈良朝末期から平安初期にかけては、ヒノキと並んで各種の広葉樹の仏像があらわれる。しかしそれもやがてヒノキの主流の中に溶け込んで、ついにヒノキただ一種類にまとまっていくというのが、移り変わりの概要である。その経過を図であらわすと、右図のようになる。以下それについて説明を補足しよう。

『日本書紀』によれば「欽明天皇十四年（五五三）に茅渟《ちぬ》の海に浮かぶ樟木《クスノキ》をえて、その材で彫刻した」とある。わが国にはじめて仏像が献上されたのは五三八年であるから、それから間もなくクスノキで仏像が彫られたことがわかる。今日現存する飛鳥時代の仏像のうちの約四分の一は木彫であるが、それらを調べてみると、中宮寺の弥勒《みろく》、法隆寺の百済観音をはじめとして、この時代の木彫仏はすべてクスノキで彫られている。

木彫の用材としてなぜ最初にクスノキが選ばれたかは明らかではないが、おそらくわが国に伝来した仏像の中に、南方産の香木で彫られた木彫仏が含まれていたので、それに似た材料として、日本産の香木であるクスノキを選んだと考えるのが妥当であろう。さてわたしはいま、飛鳥の彫刻はすべてクスノキで彫られていると書いたが、ここにただ一つの例外がある。それは有名な広隆寺の宝冠弥勒像である。ご承知のように広隆寺には弥勒像が二つある。一つは前記の宝冠弥勒で、もう一つは宝髻《ほうけい》弥勒である。このうち宝冠弥勒像の由来については、従来から二つの説があった。一つは日本で彫られたというもので、もう一つは朝鮮渡来説である。前者の説くところは、

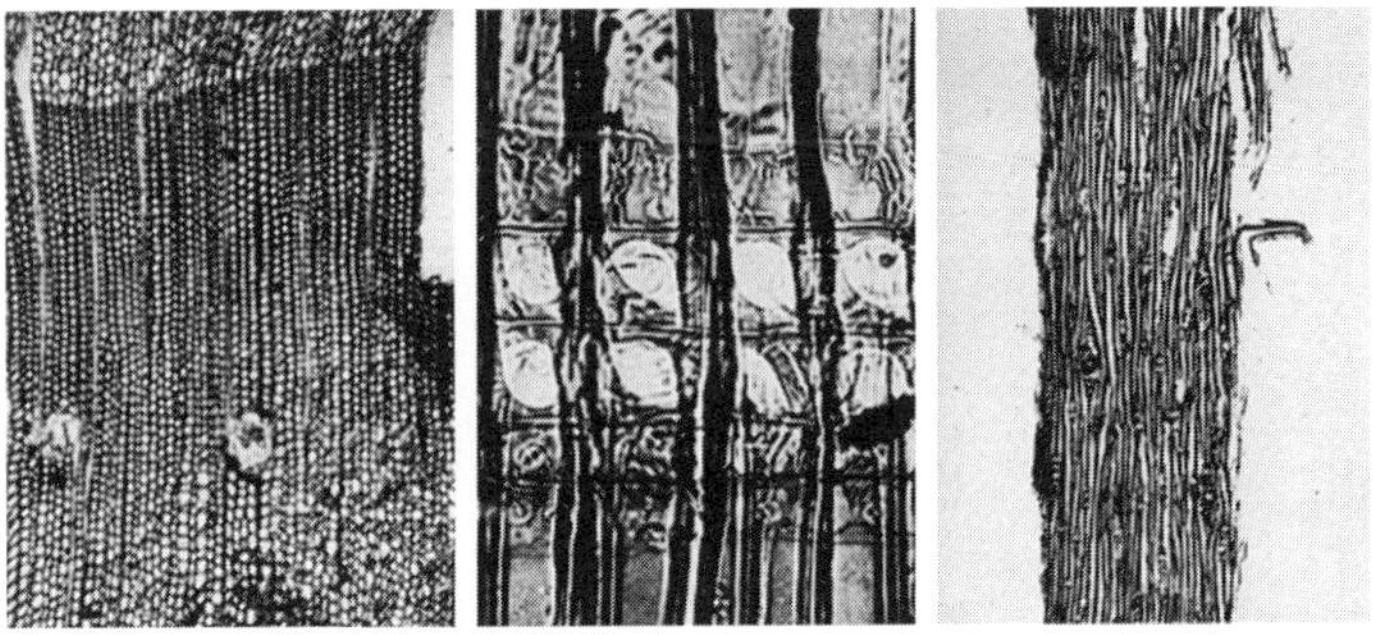

広隆寺宝冠弥勒の用材の顕微鏡写真
左から、木口、柾目、板目。以下同

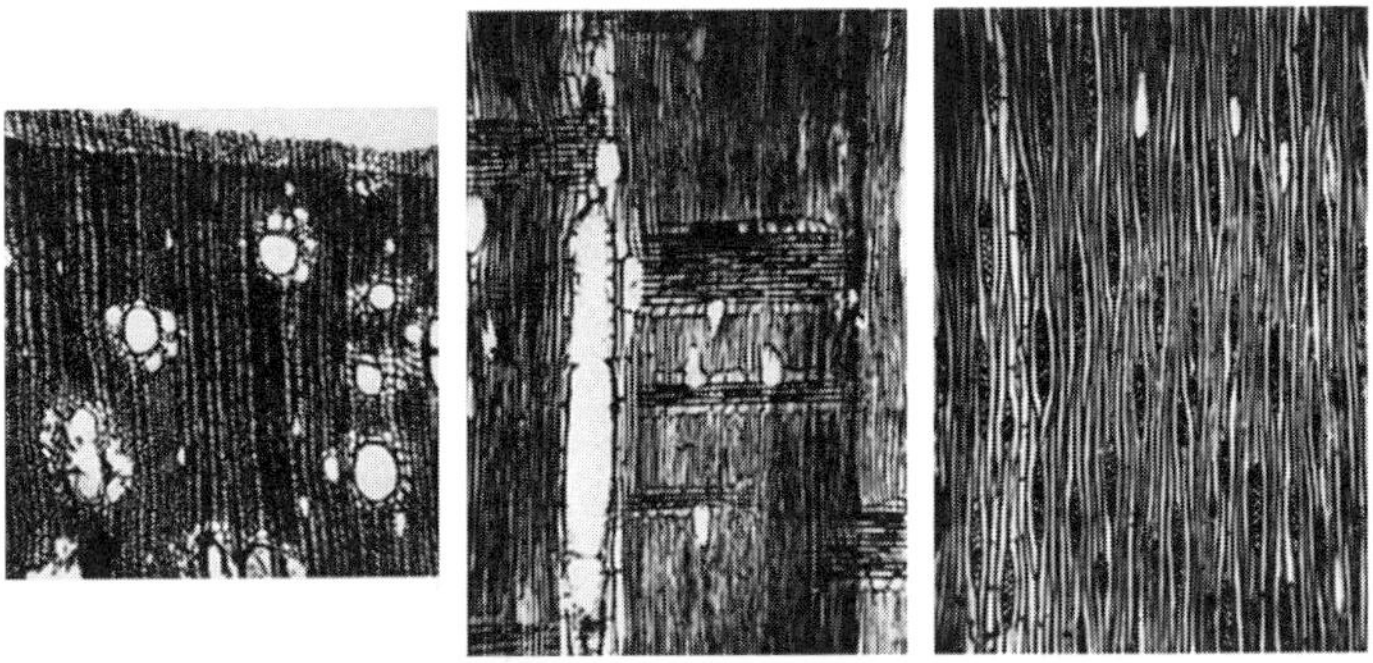

広隆寺宝髻弥勒の用材の顕微鏡写真

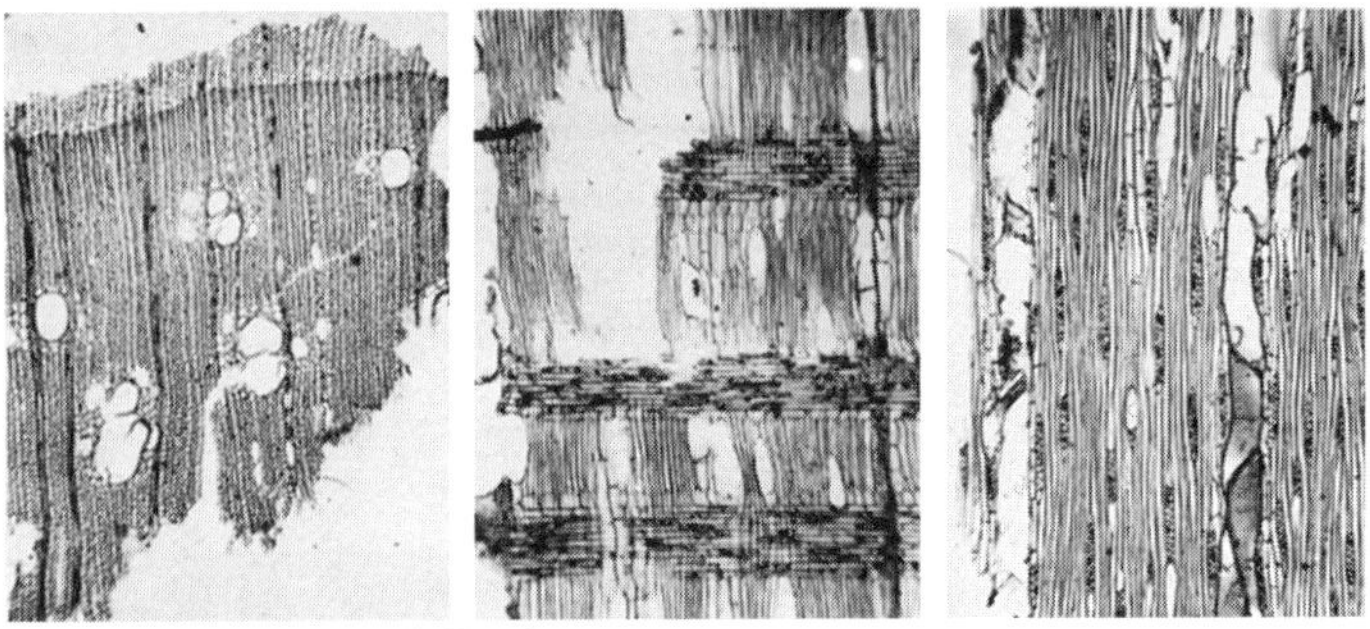

中宮寺弥勒の用材の顕微鏡写真

宝髻弥勒のほうは俗称「泣き弥勒」と呼ばれるように、いかにも固い表情であるところから、これが朝鮮渡来の原像で、それを原形にして日本で彫られたのが柔らかい表情の宝冠弥勒像だというのである。一方朝鮮説のほうは『日本書紀』に百済から仏像を献上した記録があるが、仏像の表情がどうも日本的とは思われないので、これが献上仏に相当するものだという説である。ところでわたしがこの二つの仏像の用材を顕微鏡で調べたところ、宝冠弥勒のほうはアカマツで、宝髻弥勒のほうはクスノキであることが明らかになった。さてアカマツは日本にも朝鮮にも広く分布する樹種である。だからそのことだけではどちらともいえない。しかしこれまで、遺跡や古墳の発掘材までを含めて調査した結果では、立木としてのマツは含まれているが、道具としてつくられたマツ材は見つかっていない。おそらくアカマツはヤニを含んでいて切削しにくいうえに、ほかに多くの良材があったので、わが国では使われなかったにちがいない。また宝冠弥勒像の木取りの仕方は、木裏から木表に彫るという、普通とは逆の彫り方をしているうえに、ほかにもいろいろなちがう点があげられるので、わたしは朝鮮渡来と見なしたほうが妥当だろうと考えている。一方宝髻弥勒のほうは、クスノキが朝鮮に分布していないので、日本で彫られたとみるほうが素直であろう。そうなって来ると、宝冠弥勒が日本で彫られたという説とはまったく逆になってしまう。いずれにしても、この宝冠弥勒を除けば、飛鳥時代はすべてクスノキの時代といって差し支えないのである。

ヒノキの時代

次の奈良時代は唐の影響を受けて、金銅、乾漆《かんしつ》、塑像《そぞう》などのつくられた時代であったから、木彫仏はほとんど彫られることがなかった。この時期は、木彫の空白時代である。ところで興味深いのは、当時の工芸品を見ると、漆で塗った面の上に木目を描いたもののあることである。たとえば當麻寺《たいまでら》の須弥壇《しゅみだん》はその一例だが、正倉院の御物《ぎょぶつ》の中にもおなじような手法のものがある。これはいまわれわれが、金属製のクーラーや、プラスチック製のキャビネットの上に木目を印刷してwoodyなどといっているのとおなじやり方である。これを見て気のつくことは、どうも日本人は、金属の一様な仕上面や、漆一色の光沢面にはなじみにくい習性があるらしいということである。

次の平安時代は和歌、国文学がおこり『源氏物語』が書かれ、寝殿づくりのあらわれた和風文化興隆のときであった。彫刻についていえば、材料にふたたび木が使われるようになった時代であった。ところがここで注意したいのは、それがヒノキの白木から始まっているということである。神護寺の薬師、法華寺の十一面観音などが、そうした像の代表的な例であるが、和風文化の興隆とともにまずヒノキの白木の美しさが見出されたということは、興味深いことである。

平安時代の美意識は、善なるもの、豊かなるものから、清なるもの、潔なるもの、細なるものに同調するように変わっていった。それがやがて箸や食器を使い捨て、障子や畳を張りかえる習慣を生むことになるのである。これは銀製の食器を使って、子々孫々まで伝える西洋の考え方とは、根本的にちがうものといってよい。

もともと豊富な木材資源に恵まれ、木を使い木の家に住んで来たこの国の人たちが、金銅と漆と粘土のけんらんたる天平文化ののちに、ふたたび暖かくて柔らかい木に接して、なつかしさと落ち着きを取り戻したであろうことは、想像に難くない。そしてヒノキの木肌の中に、真に心の琴線に触れるものを感じ取ったのであろう。このヒノキの美しさを見出した目は、のちの室町時代に、墨一色で描かれた絵絹の肌に幾百の色を感じ取った目と、相通ずるものがあったとみてよかろう。

ここで、材料がその時代の人びとの心や生活にまで影響を及ぼした例として、柳田国男氏の『木綿以前の事』を引用しよう。それには、

「木綿が普及したのは、第一は肌ざわりであり、第二は染めが容易なことであった。そして木綿によって、それより以前の麻のまっすぐなつっぱった外線はことごとく消えてなくなり、いわゆるなで肩と柳腰が、いたってふつうのものになってしまった。そして同時に、軽くふくよかな衣料の快い圧迫は、肌膚《きふ》を多感にし、胸毛や背の毛の発育を不要ならしめ、身と衣類との親しみを大きくした、……つまりは木綿の採用によって、生活の味わいが知らず知らずの間にこまやかになって来た」

という趣旨のことが書かれている。このように考えて来ると、ヒノキの白木の肌はもめんに劣らない大きな影響を、その生活に及ぼしたのであろう。

この時代は、天平の金銅仏が日本的な木彫仏に変わったが、まだその方向が定まらず、きわめて活気に満ちた時代であったといえるようである。その試みの中からヒノキを見出し、材質のよさを遺憾なく生かしたのであろう。その例として、貞観彫刻の飜波《ほんぱ》式衣紋《しきえもん》をあげることができる。あの鋭いしのぎの美しさは、ねばりのあるヒノキとよく切れる刃物と、冴えた腕の三位一体の呼吸によって生み出されたものといってよい。ヒノキは軽軟ではあるが、刃物の切れ味を最も強く要求する木である。これは三越本店の天女を彫られた故佐藤玄々先生から聞いた話であるが、木彫師の腕は、ヒノキの木口のノミあとを見ればわかるそうである。木口は繊維を横断することになるので、よほど切れる刃物でないときれいに仕上がらない。ということは、この時代に刃物に大きな進歩があったということであり、それと同時に、良質の砥石が発見されたということでもある。この点について江崎政忠氏は、山城《やましろ》でよい砥石が取れたと記している。

なおここで、白木の美しさを証明する事実をつけ加えておこう。材面における光線の反射率を調べてみると、一般に針葉樹は広葉樹の約二倍近い値を示す。その中でもとくにヒノキは格段に反射率が高い。美しい絹糸光沢を持っているのはそのためである。

平安時代における寝殿づくりの出現、文学における和歌、国文学の興隆の趨勢は、とりもなおさず彫刻においては、金銅仏から木彫仏への推移を示すものであった。そして同時に金から木に移ったということは、木に限っていえば、広葉樹から針葉樹に推移して行く趨勢を示している。なぜなら広葉樹は硬く針葉樹は軟らかいからである。

いまわたしたちの周囲を見回してみると、家具や室内はナラやブナでつくられている。だがこうした樹種が、われわれの生活の中に親しまれ始めた歴史はきわめて新しい。それは西欧文化が輸入された明治以降のことである。ナラではおよそ六十年、ブナでは四十年と見なしてよい。いわんやチークやラワンのような南方材にいたっては、それより歴史は新しい。それまでナラやブナは雑木と呼ばれて、薪にしか使われない木だったのである。

広葉樹の流れ

ところでここで注目してよいことは、平安時代になって奈良時代の金銅、乾漆、塑造からふたたび木が使われ始めたとき、用材の流れの中心になったヒノキの白木とは別に、まったく異質の広葉樹の流れが平行してあらわれたことである。その一つは唐招提寺の梵天像で代表される環孔材の一連の仏像群であり、もう一つは嵯峨清涼寺の釈迦像で代表される散孔材の一連の仏像群である。この二つの像はいずれも中国から伝えられたものであったが、それが原点になって広葉樹が使われ始めたとわたしは考えている。だがこの広葉樹の流行も、一時的な流行にすぎず、やがてヒノキの本流の中に吸収されて行くことになる。そして、和風文化の興隆とともに見出されたヒノキの木肌は、その後長くわが国の彫刻の基調になって今日に続いているのである。さてここで、広葉樹の彫刻のことを語る前に、念のため環孔材と散孔材について簡単に説明しておきたい。

木材の細胞のうち水を通すために発達した専用の組織が道管で、木口断面ではそれが孔になってあらわれる。道管のないものが針葉樹で、あるものが広葉樹である、広葉樹はさらにその孔の分布の状態によって、環孔材、散孔材、放射孔材に分けられることは、第二章で説明した。道管の分布状態は、当然板面の木目文様のちがいになってあらわれる。環孔材はケヤキやクワのように木目がはっきりしているし、散孔材はサクラやカツラのように木目がそれほど目立たない。したがって工芸的な利用のうえからいえば、木材は針葉樹と環孔材と散孔材の三つに分けて考えたほうが、実情に合っているといえるわけである。

平安時代の和風文化の興隆にともなって、ヒノキの美しさが見出され、次第にそれが主流となって行く経緯については、わたしたちの感覚のうえであまり無理なく納得できる。しかしどうもわかりにくいのは、このヒノキの流れと平行して、広葉樹の仏像というバタ臭い用材の流れが見られることである。すでにそれより以前に木を巧みに使いこなした日本人が、なぜそのような使いにくい木で仏像を彫ったのであろうか。それについて、わたしは以前から疑問を持っていたのであるが、調査をすすめて行くうちに、一つの推論が得られたので簡単に書いておこう。

唐招提寺の講堂にはケヤキ系の像がかなり多い。これらの材は硬くて加工しにくいうえに、狂いやすく割れやすい。そのうえ肌がざらざらであるから彩色もしにくい。広葉樹は明治の中ごろまではずっと雑木と呼ばれ、特殊なものを除いては薪にしか使われていなかったことは前にも書いた。こうした木が彫刻に使われた理由を、単にヒノキの欠乏ということだけで片付けることは疑問があろう。とくにこの時代の広葉樹の彫刻でよく目につくのはセンダンである。これはふつうにはオウチと呼ばれる樹で、いわゆる「栴檀《せんだん》は双葉より香し」のセンダン（ビャクダンのこと）とはまったく無縁の木である。さらに納得がいかないのは、この木は平安時代も中期以降になると、仏像とは似ても似つかぬさらし首をのせる台に使われるようになり、その風習は江戸時代まで続いている。ここで出て来る疑問の一つは、すぐあとの時代に前記のように忌み嫌われるようになったオウチが、なぜ平安初期に限って仏像彫刻に使われたかということであり、もう一つは、実体とは似ても似つかぬセンダンという美しい名称をもらったのはなぜか、という疑問である。この疑問を解くには二つの面から考えていけばよい。一つはどういう動機から仏像彫刻に使われ始めたかということ、もう一つはなぜ間もなく使われなくなったかという理由を明らかにすることである。

まず第二の問題から答えよう。この木は一見したところケヤキに似て堅硬に見えるが、意外に風化が早くぼろぼろになってしまう。そのため一時流行したが間もなく使われなくなった。そう考えれば、この疑問は解ける。ところで興味あるのは第一の問題である。調べていくうちに、この疑問を解く一つのヒントが得られた。それは以下のようなことである。

唐招提寺金堂の客仏の中に梵天、帝釈天と称する一対の像がある。用材を調べて見たところ、帝釈天はサクラ、梵天はチャンチンであることがわかった。つまりこれはあとから組み合わされた像だったのである。ところでヒントはこの梵天像にある。チャンチンというのは香椿とも書く中国の樹木で、別名をチャイニーズマホガニーと呼ぶことからも想像できるように、あちらでは第一級の良材である。現在中国ではそのころの仏像は残っていないので、推測するよりほかはないが、おそらく仏像がチャンチンで彫られた可能性はかなり高いとみてよかろう。もしこの木で彫られた像が奈良末期に請来《しょうらい》されたとするなら、鑑真の本拠であった唐招提寺に、チャンチンで彫られた像が残っていても不思議はない。

中国でチャンチンによって仏像を彫っていたとすれば、日本でそれに最もよく似た木をさがしたであろうことは想像に難くない。その場合まず第一にあげられる候補はオウチである。なぜならチャンチンもオウチもおなじセンダン科に属する一番近縁の樹木だからである。そのことははじめに白檀《びゃくだん》が輸入されたとき、その代用材としてクスノキが選ばれたのとおなじ事情である。いまもし以上のわたしの推定が許されるとすれば、ケヤキやハリギリのような環孔材の彫刻があらわれるのはなんの不思議もない。現在でもオウチはそれらの代用材として使われているからである。クスノキからヒノキへ、さらにヒノキの白木へといういかにも日本的な彫刻用材の流れの中で、オウチのバタ臭い木肌が突如としてあらわれる理由は理解しにくいが、それを以上のように推理してみると、一応納得のいく説明ができそうである。そしてまた誤ってセンダンという美しい名をもらった理由も、うなずけるような気がする。

次に、散孔材のサクラ系の彫刻はどのような過程をへて導入されたかについて述べよう。わたしはその原流は中国産の桜桃であると考えている。その理由は次のようである。これまでの調査で、中国産の桜桃の像は二つあることがわかった。一つは教王護国寺（東寺）の兜跋毘沙門天像《とばつびしゃもんてん》で、もう一つは清凉寺の釈迦像である。このうちの釈迦像について説明しよう。

周知のようにこの像は東大寺の僧奝然《ちょうねん》が平安中期に、洛東の比叡山に対抗して、洛西の愛宕山《あたご》に真言宗の清凉寺を開くことを念願して入宋し、宋から請来したものである。これまでの寺伝によれば、この像はインドから中国に渡り、さらに日本に請来された三国伝来の霊像であった。しかし先年の調査で胎内から出た記録によって、この像は揚子江沿岸の台州で彫られたことが明らかになった。そして用材もまた、同地方産の魏氏桜桃 Prunus wilsonii Koehne であることが判明したのである。

東寺の兜跋毘沙門天とこの像とによって推察すると、当時中国では桜桃が仏像用材の代表的なものの一つであったとみることができよう。もしそうだとすれば、わが国でサクラが使われるようになった動機は、この像によるものではないかという推論が出て来る。そういう立場で調べているうちに、それを裏づける次のような事実がわかって来た。この釈迦像は、本体と台座の最下部の反花《かえりばな》のところは中国産の桜桃であるが、光背《こうはい》と台座の蓮実とは日本産のサクラでつくられており、葺軸と蓮弁《れんべん》はヒノキであった。つまり一つの像が三種類の木材で組み立てられていたのである。

そのことは次のように解釈できると思われる。まず茸軸と蓮弁であるが、これには快慶《かいけい》の銘があるから、明らかに鎌倉時代の修理である。次に蓮実と光背が日本産のサクラであることから、後世三国伝来の赤栴檀とあがめられるようになったこの像も、はじめに請来されたときは最下部の台の上に釈迦像だけがのっていた。それがあとで荘厳を増すために、台座を二段にし光背を加えたらしい。そのことは奝然が初志を変えて愛宕山の上に清涼寺を建てることを断念し、棲霞寺《せいか》にかりに像を安置した事情などから考えてもありそうなことのように思われる。そのとき中国の桜桃に一番よく似た材をさがして日本産のサクラを使ったのであろう。これがもとになって、サクラ→カエデ→カツラというように、散孔材の彫刻が発展して行った、と推定したほうが筋が通るようにわたしは思う。

以上は、平安のはじめの一時期に広業樹の彫刻が流行したが、やがてヒノキの本流の中に吸収されて、次第に使われなくなって行った事情について述べた。やがて平安の中期にいたって、鬼才定朝《じょうちょう》が出て、平等院の阿弥陀如来を完成し、ヒノキ彫刻の基本形を打ち立てることになる。それからあとは彫刻といえばすべてヒノキと考えてまちがいないほどに、用材はヒノキただ一種に統一されてしまった。このヒノキ彫刻における木工の技法が、やがて数寄屋建築に受け継がれ、日本独特の白木の文化を形づくって行くことになるのである。

ヒノキとナラ

以上わたしは、彫刻を通してヒノキが日本の中に定着するまでの過程を見て来た。ところでさきに「古代人と木」のところで述べたように、われわれの祖先は太古の時代からすでにヒノキを建物に使っていたのである。それをいま改めて平安時代になってヒノキが定着したようにいうのは、いささか矛盾しているのではないかという疑問を持たれる方もあろう。だがわたしはそれに対して次のように答えたい。

飛鳥以前にヒノキが建築に使われた理由は、立木を伐って用材をつくり出しやすかったためと、腐りにくいためであった。だが平安時代に入ってヒノキは木肌の美しさによって再発見されたのである。それは次のような意味である。太古の時代は刃物が十分に発達していなかったから、立木を伐って建築の用材をつくり出すことは容易な業ではなかった。その中にあってヒノキは、硬さが中庸で木目が通直であるため、割りやすく、柱をとるにも板をとるにも苦労が少なかった。しかもヒノキは耐久力が強いので、掘立柱として土中に埋めても、なかなか腐らない。これが太古の時代に、ヒノキが建築材として選ばれた理由であった。だがこの時代はまだ木肌の繊細な美しさを鑑賞する条件は、ととのっていなかったのである。

ところが奈良末期になって、刃物の切れ味が長足に進歩した。それによってヒノキの木肌の美しさが見出されたのである。平安時代のはじめに、白木の彫刻が出現したのは、そのことを証明するものであろう。こうしてヒノキは木材の王者としての地位を確立するにいたったのである。以上はヒノキが日本に定着するまでの歴史を書いたが、一つの民族がある一つの木を愛好する例は、ヨーロッパにもある。たとえば英国である。彼らはオークがことのほか好きである。英国の家具の用材の移り変わりを調べてみると、

オーク時代（一五〇〇—一六六〇年）
ウォールナット時代（一六六〇—一七二〇年）
マホガニー時代（一七二〇—一七七〇年）
サテンウッド時代（一七七〇—一八二〇年）

と移り変わって行ったが、その基調をなしたものはずっとオークであった。そして彼らは、「獣の王者はライオンで、森の王者はオークだ」という言葉すらも使ったのである。

なおここで、ヨーロッパにおける木と生活の歴史の中から、興味あることがらを二、三拾ってみよう。彼らが良木を欲しがったのは主として家具の用材としてであった。ヨーロッパの大拡張時代には、新しい土地が発見されるたびに、新しい種類の木が船で母国に運ばれて、その国の家具づくりの職人たちに影響を与えた。その中で最も特筆されてよいのはマホガニーの発見であった。この木は西インド諸島、中米、さらにコロンビアからベネゼェラの北部にかけて産するもの

であるが、最初にこれに注目したのは、一五九五年ウォルター・ローリー卿にしたがって旅をした一人の大工であった。はじめのうちは狂いの少ないことと、幅の広い板のとれることで評価され、船や住宅の用材として使われていた。マホガニーが家具の用材として本格的に脚光を浴びるようになったのは、十八世紀も後半になってからのことである。それは材質が丈夫なので、彫刻を施した細いねこ脚に使えることがわかったためであった。

家具の用材としてもう一つ人気があったのはシダーであった。これも南米の家具職人たちの間で使われていたものが、ヨーロッパに運ばれて影響を与えたのである。当時世界に広く領土を持っていたポルトガルやスペインでは、母国に輸入された木材によって、その木に合う新しい様式の家具さえも生まれたのであった。このようにヨーロッパの人びとは、広く世界の植民地に木を求めたが、その中にはロッグウッドのように染色の材料として珍重されたものもあった。当時は繊維は主として草木染めによっていたが、この木は「黒色の染木」として最高の評価をえていたのである。

これまでわたしはしばしば、日本人はヒノキを中心にして独特の木の文化を育てて来たと書いた。そのことをもう少しはっきりさせるために、他の国と比較してみよう。日本と一番近い文化を持つ国は韓国である。司馬遼太郎氏は『日本の朝鮮文化』の中で次のような意味のことを述べられている。

「人種としてのツングースの仲間に朝鮮人も日本人も入る。要するにむかしの騎馬民族というものの後商が、たまたま朝鮮半島地域におるのは朝鮮人であり、日本列島におるのは日本人と称せられることになっただけのことだ」と。

事実韓国に行って博物館の中で古い出土品や彫刻、絵画などを見ていると、素人のわたしたちは、日本の博物館にいるような錯覚を持つ。それほど共通点が多いのである。だが外に出て建物を見ると、なるほど異国かと思う。それは住まいが木でつくられていないからである。そしてもう少しこまかく木の使い方を見ると、しみじみ日本は木の国だという思いを深くする。このちがいは、韓国が古くから木に恵まれていなかったために生まれたものであろう。

現在でも韓国の木材資源は貧弱である。それは土質が花崗《かこう》岩の風化した砂質土と、花崗片麻《へんま》岩の風化した粘土質とが大部分を占めていて、植生が日本よりずっと単純なためである。有用樹種についていえば、山地に生えているのはアカマツ、クロマツ、カラマツ、モミ、ツガ、ゴヨウマツ、ナラ、カバ、ドロノキくらい。平地に生えているのはアカマツ、クロマツ、ポプラ、アカシヤ、ヤナギ、キリくらいである。さきにも述べたように、『日本書紀』の中に五十猛命が高天原から木の種を持って降り、朝鮮には植えず日本に播いたという話があるが、現実はそれとよく合っているようである。

たとえば韓国の代表的な木造の文化財は海印寺や仏国寺であるが、それらの伽藍を見ても、曲がったアカマツや節だらけのクリ、ナラなどが混じっていたりして、日本の木造の古社寺を見馴れた目には、むしろ異様に思われるほどの無神経な木の使い方である。古代にコウヤマキの棺材が朝鮮に運ばれたのもそうした事情があったからであろう。

庶民の住宅には部分的に木を使っているが、用材はマツで、それ以外の樹種は見当たらない。そして室内にも木肌の美しさを生かしたところがないのである。たとえば家具だが日本ならどこの家に行ってもキリのたんすがある。それに相当するのは黒いぴかぴかの螺鈿《らでん》のたんすで、驚くことはそのたんすの用材にもすべてマツを使っている。これは日本ではとても考えられないことである。マツでは木肌の美しさを生かすことができない。だから韓国では木肌をかくす技術が発達し、螺鈿のたんすが普及したのであろう。文化のほかの面ではずいぶん共通の面があるが、木に関する限りこんなにもちがうかとしみじみ考えさせられるのである。

第六章
古代における木材の輸送

大和平野と寺院の建立

さきにわたしは第二章で、わが国の木材資源は憂うべき不足の状態にあると書いた。その不足の意味には二つある。一つは量の不足でもう一つは質の低下である。二番目の質の低下とは大材の欠乏を意味するが、この問題をわたしは、東大寺と江戸城について考えてみたいと思う。その意図するところは次のようである。

木材は嵩《かさ》の大きい材料だから、つねに輸送の問題がつきまとう。極端にいえば、木材の値段は大半が輸送費と考えてよいほどである。さて古い時代に戻ろう。当時は伐採ももちろん困難な仕事であったが、輸送はもう一つ難事業であった。それは西岡氏がヒノキを求めて台湾の山奥まで行ったことからも推測できることである。だから運材を考慮の外においては、むかしの木材の需給を語ることはできない。そういう立場で見ると、東大寺の建物の変遷は、大材の輸送事情を知るのに好適なテーマである。また江戸城は、一つの建物をつくるのに、木材がどれくらい使われたかを知るのに、適当な対象である。そこでこの二つについて述べることにしたわけである。

往古はいうまでもなく、森林資源は豊富で、優秀な大材にも十分に恵まれていた。それは想像ではなくて、われわれの周囲に現存している幾多の文化財を通じていえることである。しかし当時といえども資源は無尽蔵であったわけではなく、歴史時代に入ると、間もなく木材の不足がおこって来た。そして用材の確保はわれわれがいま想像するよりも、はるかに大きな困難があったのである。

日本文化史上で最初におこった最も大きな変革は仏教の伝来で、これはそれまでの社会や生活を、精神的にも物質的にも、根本からゆさぶる大きな事件であった。それはちょうど、明治初年に西欧の科学文明が輸入されて、驚異と混乱の嵐が激しく吹きすさんだときと、似た事情であったとみてよかろう。

仏教の伝来によって、まず寺院の建築が始まったが、同時に都の造営も進められた。それまで掘立小屋のような住まいや穴居《けっきょ》生活を主としていた人びとにとって、新様式の木造建築を仰ぐことは、明治初年に赤煉瓦の高層建築を見て驚いたのと、おなじ気持であったろうことは想像に難くない。

聖徳太子の時代に建立されたことが知られている大きな寺だけでも、二十寺の多きに達しているのであるから、その事情は容易に推察できる。そのうち最も有名なのは法隆寺で、千三百年をへた今日において、なお創建当初の雄姿を伝えている。

当時は天皇の一代ごとに都を変えたのであるが、都の建設といえば、まず第一に必要としたものは木材であった。宮殿だけでなく、これに伴う臣下の住宅や道路工事なども含めて、莫大な量の木材が消費された。現在では建設材料として木材は、鉄とコンクリートに主導の地位を譲って、第二材料、第三材料的な性格を持っているが、しばらく以前までは、建築、土木は木材なしでは考えられなかったから、その要求は、今日われわれが考えるよりも、はるかに強いものがあった。したがって近くの森林は、急速に伐り開かれて行ったのである。

森林は一度伐採されてしまうと、その復旧はなかなか容易ではない。しかも古代においては、資源供給の範囲はきわめて狭い地域に限定されていたので、さすがに美林に富んでいた大和地方も、漸次荒廃して行く運命を負わなければならなかった。そしてついには、その中心である飛鳥川も、わずかの降雨で洪水をおこし、土砂を流出して、しばしば川瀬を変更するようになってしまったのである。

『古今集』に、

あすか川　淵は瀬となる世なりとも　思ひそめてむ人は忘れじ

という言葉が使われているのは、この間の事情を物語るものである。そこで飛鳥川の水源である南淵山を、大和三山とともに禁伐林としたのであるが、頽勢《たいせい》はもはやいかんともすることができなかったようである。われわれはさきごろの戦争で、山林を荒廃させてしまった。そのために戦後毎年のように水害に苦しんでいるが、山を荒らせば水害がおこるということは、すでに千三百年ものむかしから明らかなことだったのである。

木材は嵩が大きく輸送が困難なので、当然できるだけ手近い山から伐り出した。したがって新しく都が移されてしばらくすると、四周の山々は濫伐されて、間もなく木材の不足と水害という問題がおこって来ることになる。

奈良の都が営まれる前に、その南方に藤原京があった。当時都を移すために人びとは初瀬《はせ》川を舟で下り、さらに佐保川を上って奈良に行ったことが、記録の上から知られている。現在これらの川の水量はきわめて少なく、これを水源にしている堺市では、毎年夏季の断水で困難しているが、むかしはもっと水量が豊富であったことは、前記の史実によっても想像されるところである。したがって山林もまた健在であったと推察してよかろう。

のちに桓武天皇の時代になって大和川の氾濫が甚だしいので、和気清麿《わけのきよまろ》がその改修を企てたが、ついに失敗に帰してしまった。その遺跡は現在大阪天王寺に河堀町の名を留めているだけである。これも開発に伴って、山林が濫伐されたため土砂の流出が甚だしく、洪水の害を生んだ結果と考えてよい。

当時の木材不足を物語るもう一つの例がある。それは持統天皇が藤原宮を営まれるときに、遠く滋賀県の琵琶湖の出口にあたる田上《たなかみ》山から、はるばるヒノキ材を運んだことである。当時琵琶湖から藤原宮まで木材を運搬するということは、並大抵の仕事ではなかった。それにもかかわらず、このように遠隔の地にまで木材を求めたことは、すでに当時において、大和平野の周辺では適当な大材が得られなかったことを物語るものである。

田上山というのは、琵琶湖が瀬田川になって流れ出るところの南側にある。今日でこそ見る影もない荒れた山であるが、そのむかしは、うっそうたるヒノキの大木でおおわれていて、東大寺の造営のときにも、しばしばその名が見られ、古くから木材の供給に大きく貢献した山である。木の略奪がくり返されたとき、森林がいかに早く荒廃してしまうかということは、この田上山の例によっても理解されるところである。

木津川の水利

藤原京ののちまもなく、元明天皇三年（七〇九）には、平城京の造営が始まることになる。これは唐制にならい長安の都を範とした都市計画であったから、それに要した木材も想像以上の莫大な数量に達したと思われる。その事情については、のちにこの時代の代表的遺構である南都東大寺について述べるが、東大寺だけを考えてみても、これに要した建築材料は驚異に値するものであった。

ところでこのような莫大な量の木材を、どこからどのようにして供給したのであろうか。すでに奈良朝のはじめころ、大和平野の四周の山林は伐り荒らされて、木材資源は不足していた。そのことについては前にも記したとおりである。もちろん木材は運搬の容易さから、できるだけ近い地方から求めようとしたのであろうが、何分にも奈良は盆地であるから四周の山を越えて木材を運ばなくてはならない。当時木材運搬のために採られた方法は、木をばらばらに川に流す管流しか、筏《いかだ》によるか、または舟運《しゅううん》であるから、いきおい川が重要な役割を果たすことになる。

そうした条件のもとで、大きな役目を果たしたのは木津川である。木津川は伊賀国の大半の流れを集め、大和の流れを合わせて、笠置《かさぎ》から木津にいたり、北に折れて淀に達し、宇治川および桂川と合して淀川になり、大阪湾に通じている。このような地理的条件を持つため、後世にいたるまで、大和地方の主要輸送路の一つとして、経済上に大きな貢献をした川であった。そのため主要な木材の供給地は、木津川に通ずる琵琶湖沿岸の近江地方と、丹波および伊賀地方になった。距離的にいえばむしろより近い紀伊、播磨、四国地方の木材が用いられなかったのは、輸送のむずかしさによるものである。

木津川はむかしは泉川と呼ばれていた。現在の木津町も、その古名は泉津《いずみつ》であった。百人一首の中で「みかの原わきて流るる泉川」と詠まれているのは現在の木津川のことであり、みかの原は木津の対岸にあたる地名である。泉津は川が東から流れて来て北に折れる彎曲点にあたり、当時は奈良地方から京都地方に通ずる要津《ようしん》であった。そのため木材の集散地として繁栄し、ついに木津と呼ばれるようになり、泉川もまた木津川と名が変わったのである。このように、泉津が木津に、泉川が木津川にその名称まで変わったことを考えても、この川が木材輸送にいかに重要な役目を果たしたかを、推察できるであろう。

さて、木津に集められた木材は、奈良坂を越えて奈良に運ばれた。奈良坂というのは、今日のいわゆる奈良坂ではなくて、歌姫越《うたひめごえ》のことである。この輸送路はすでに藤原宮のころから始まっていたようであるが、のちに次第に盛んになって、大仏殿建立のときには、前後三回にわたってこれが利用された。この輸送路があってはじめてその殿堂造成が可能であった、といっても過言ではないであろう。

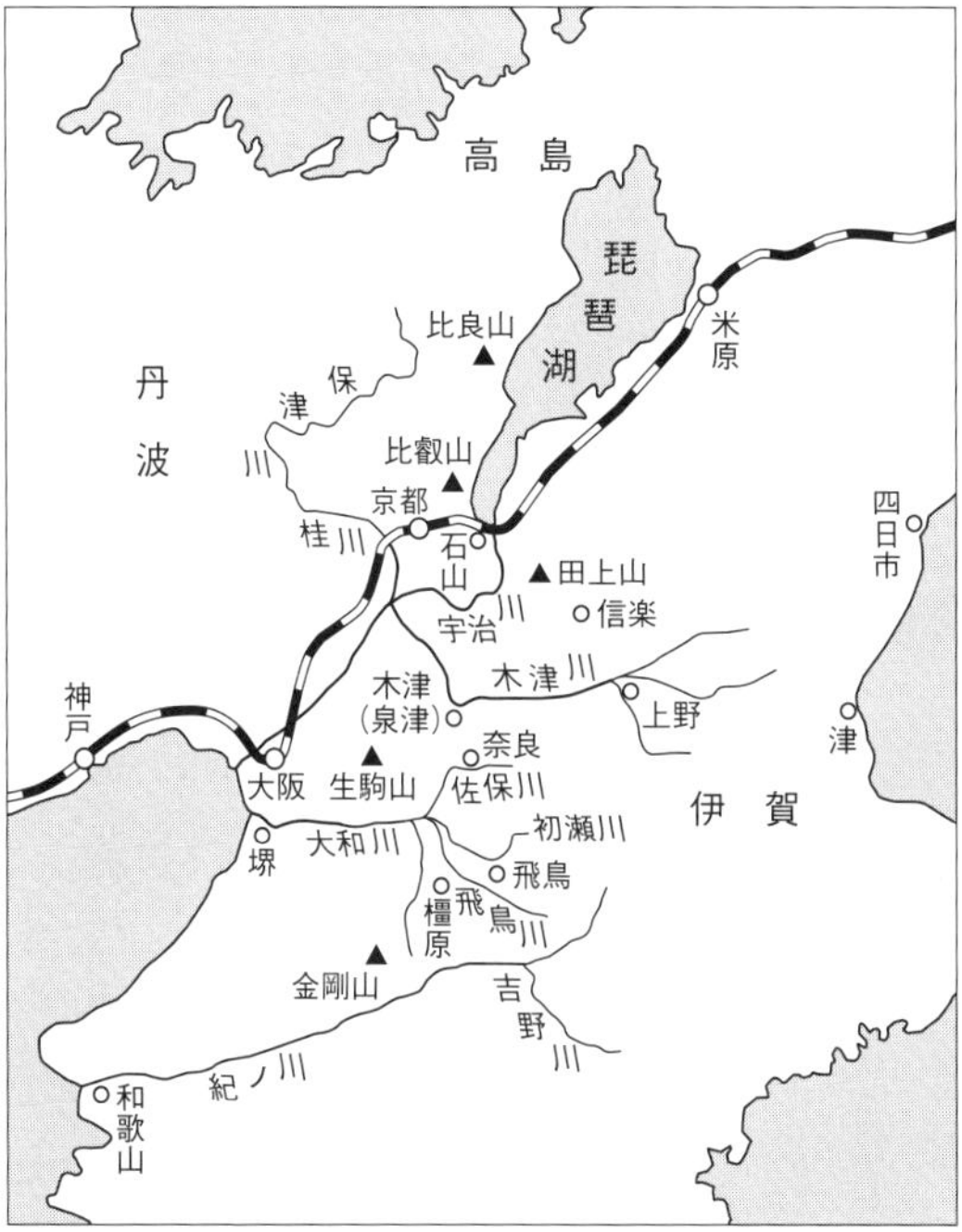

東大寺用材の輸送路

ところで、木材の供給であるが、はじめのころは、まず木津川の上流で木を伐採していたのであるが、のちには遠く、中国、四国、九州などからも木を求めるようになり、この輸送路をへて奈良に運ばれた。そのことについて述べよう。

有名な大和の長谷寺の本尊十一面観音像造顕由来の伝説によれば、近江国高島郡の白蓮華という渓谷に、長さ十余丈の楠の古木があって、これが大雷雨のさい流れ出た。大津の浦に漂うこと六十九年、のちに大和八木の里に運ばれ、さらに当麻に移され、長谷の河畔に放置されていた。その材から神亀四年（七二七）に仏像が彫られたということである。これは前記の経路をへて大和に運ばれたものと考えてよい。

さらに『続日本紀』によれば、西大寺の西塔の材料は、近江国滋賀郡から運んだと書かれている。また法華寺金堂の用材は伊賀地方から求めたが、それと同時に、丹波と琵琶湖北岸の高島地方からも運んだことが、正倉院文書の中に記されている。これも木津の経由である。

このように時代の推移とともに、木津川を利用する木材の需要はますます増加し、周囲の森林は次第に荒廃することになった。そしてその後の長期にわたる濫伐で、さしも美林を誇った江州や伊賀の森林も、ついに今日のような貧弱な姿になってしまったのである。ことに田上山は今日では、砂防工事の代表的な禿山となっているが、そのむかしは遠く藤原京にまで運ばれたほどの優秀なヒノキを、多量に保有していたことは、前述したとおりである。しかしながらこうした淀川上流の莫大な木材の伐採は、やがて山林の荒廃を招いて、土砂を絶え間なく流出させ、ついに今日の大阪の土地がつくられることになったのである。

東大寺の建立

その後における木材事情は、東大寺の建物の変遷についてみると、一番わかりやすい。さて東大寺の大仏殿は、創建後二度の戦火にあって焼失している。現在のものは三回目の建造にあたるものである。そのため規模も小さくなっているし、壮麗さにおいてもはるかに及ばない。それでもなお、世界最大の木造建築物であることを思えば、当初のものがいかに雄大壮麗であったかは想像に難くない。

東大寺建立の事情については、説明の都合上ごく簡単に経緯を述べる。それは聖武天皇の、政教一致の一大理想天国をこの国に実現させたいという強いご発願によって建立された。すなわち東大寺を総国分寺とし、法華寺を総国分尼寺として、国家信仰の中心をこの二寺においたのである。大仏殿はその東大寺の金堂で、伽藍の正殿にあたり、その中に金銅毘盧遮那仏《びるしゃなぶつ》が安置された。像高五丈三尺五寸（一六・二一メートル）というこの大仏を鋳造することは非常な大事業であったが、当初の東大寺は、単に大仏だけではなく、実に今日では想像もできないほどに、雄大な規模を持っていたのである。すなわち広さ四方約一里（四平方キロ）の地を占めた寺城の中には、中央に大仏殿が南面しその周囲を歩廊がめぐり、四面に中門を開き、南正面には南大門があり、西大門、中御門、転害門に囲まれていた。構内には、多数の僧坊が軒を並べて建ち、想像を絶する雄大なものであった。

東大寺大仏殿

これらのうち天平当初の建物で今日まで残存しているものは、正倉院をはじめわずかに二、三にすぎないが、その正倉院が現在において占めている地位の高さをみれば、天平の文化がいかに輝かしいもので、また当時の東大寺が、どのように華麗であったかを想像することができるであろう。

聖武天皇は大仏鋳造発願の詔勅《しょうちょく》を、天平十五年（七四三）十月十五日に近江の甲賀《こうか》郡信楽《しがらき》の郷でだされた。これはおそらく、仏殿建立のためには莫大な木材を必要とするので、資材のえやすさを考慮に入れて、甲賀地方が選ばれたのであろうと思われる。そして天平十六年にはすでに甲賀寺を建てて、大仏鋳造に着手された。しかしいろいろの事情があって、ついに初志を変更し、間もなく平城京に還幸されることになるのである。そして現在の東大寺の地を定めて、大仏殿建立の大事業が始まった。その後およそ十年の歳月と、莫大な人力に加えて、想像を絶した努力ののちに、ようやくにして天平勝宝四年(七五二)、東大寺は完成するのである。

創建当初の東大寺は、前にも述べたように非常に広大で、大仏殿もまた現在のものよりはずっと大きかった。おおまかにいえば今日の建物は当時のものにくらべて、面積で約六割六分、内陣面積で四割四分にしか相当しない。またその構造も当初のものは重層で、正面は十一間(間とは柱と柱の間数をいう)、側面は七間であったが、現在のものは正面が七間に減っている。したがって最初は釣り合いのとれた長方形の平面であったが、現在では正方形に近くなって、均衡が失われ、外観の美しさをひどく減殺してしまった。それは後述のように木材が不足して建てられなかったことが大きな原因になっている。

当初の大仏殿の建立には莫大な木材を必要とした。いまそのとき使われた柱の数を算えると、主要大柱は、口径約三尺五寸(一・〇六メートル)以上、長さ百尺(三十・三メートル)前後のものが八十四本も使用されていた。これらの柱はただ一本だけでその材積が約百石(千立方尺 二十七・八三立方メートル)にも達するのである。柱だけでなく、ほかの用材も同様に莫大な木材を要したことはいうまでもない。いまここに大仏殿に用いた木材の総材積について、江崎政忠氏の調査を引用すれば、約四万千余尺〆(十三尺〆)で石数は五万三千三百余石(一万四千八百余立方メートル)になると推定している。これは大仏殿のみであるから、さらに塔婆(塔)、大門、講堂およびその他多数の僧坊にいたるまで考え合わせると、東大寺に使用された木材の量は、はかり知ることのできないほどの莫大な量であった。

このような大量の木材が、どこからどのようにして運ばれたかということは興味あることである。旧記には創建当初の木材についてては記載が少ない。ただ聖武天皇の詔勅に、「大山《たいざん》を削りて堂を構へ」とあり、その殿宇《でんう》および大柱の数量は記してあるが、木材全体の数量、産地、運搬方法などについては、記載がないので不明である。

当時すでに、大和平野が良材に欠乏していたことは、前述したとおりである。したがって用材は当然、木津川、宇治川の沿岸、さらにまた琵琶湖を利用して、遠い比良山脈や甲賀郡の野洲《やす》川流域にまで、その産地を求めたようである。有名な石山寺は、琵琶湖が瀬田川になって流れ出るところにあるが、この寺は当時、琵琶湖に運び出した木材を検収するため、東大寺の良弁僧正《ろうべんそうじょう》によって建立されたものであった。そのことによっても当時の輸送事情の一端を推しはかることができよう。

このように水運を利用することによって、木材は木津川をへて木津に集められ、さらに人または牛の力によって、陸路で奈良坂を越し、東大寺に輸送されたのである。その他の必要な物資も大部分はこのような経路をへたものと思われる。ついでながら東大寺創建のとき使用された木炭の量も、また莫大なものであった。これは主として鋳造や鍍金《ときん》に使われたものであるが、前記の江崎氏は、その総量は四万数千俵であったろうと述べている。

ともかく、このように十年に近い長い歳月と、莫大な物資を使い、国の総力をあげて努力した結果、ようやくにして大仏殿とそれに付属した数多くの建物が完成したのである。当時の人たちにとっては、夢想すらできなかった一大荘厳の世界が、眼前に現実となってあらわれたのであるから、その驚きと喜びの様子は想像に難くない。ところがこのようにしてでき上がった東大寺も、やがて戦火によって灰燼《かいじん》に帰する非運に見舞われることになる。それはかの源平の戦のあった治承四年（一一八〇）のことである。

平清盛の命によって東大寺と興福寺とに討伐軍が向けられた。平重衡《しげひら》の軍勢は十二月二十八日の強風の夜、東大寺に向かって火を放ったのである。この兵火によって、さしも天平文化の粋を集めた千古未曾有の大建築は、ついに焼け落ちてしまうこととなった。このときの有様は古書に詳しく書かれているが、まことに惜しみても余りある痛恨事で、仏教の訓《おし》えにある「生者必滅《しょうじゃひつめつ》会者定離《えしゃじょうり》」のことわりを、しみじみと覚えさせるできごとであった。記録によると、翌年の二月になっても、大山のように積み重なった灰燼の中から、余煙が黒く天に冲《ちゅう》して、天下の人ことごとく嘆き悲しみ、なすところを知らなかったと記されている。

東大寺の再建

後白河法皇はこの東大寺の焼失をいたく嘆き、間もなく再建の院宣《いんぜん》が下されることになった。当時の国情は、藤原氏の専横に続いて源平の戦があり、国力は非常に疲弊していたので、東西二百九十尺（八十七・八七メートル）、南北百七十尺（五十一・五一メートル）、棟高百五十尺（四十五・四五メートル）余の大仏殿を、旧規模によって復興し、さらにこれに付属した南大門、中門、歩廊などを再建する大工事は、並大抵のことではなかった。このとき高野山に俊乗坊重源《しゅんじょうぼうちょうげん》という傑僧がいて、この人の努力で再建の大事業が完遂されることになった。

そのときの計画では、大仏殿の柱は太さ五・五尺（一・六七メートル）、長さ五十（十五・一五メートル）―百尺（三十・三メートル）以上が九十二本、それに太さ三尺（〇・九一メートル）ないし四尺（一・二一メートル）、および五尺（一・五二メートル）ないし六尺（一・八二メートル）で、長さ百二十尺（三十六・三六メートル）および百三十尺（三十九・三九メートル）の梁や柱の大材を要したから、この木材を集めるのは容易な業ではなかった。

そこでいろいろと調査の結果、ついに周防国（山口県）にこれを求めることになった。重源以下の人たちが、船で瀬戸内海を渡って乗り込んでいったところ、源平の戦のため周防国は疲弊困窮の極に達していた。重源らは船中の米を施して救済し、その後深山幽谷をことごとく巡検して良材を捜し求めた。また良材を見つけたら米を施すという奨励の方法を取ったので、杣人《そまびと》たちは大いに発奮し、谷、峰の境なく尋ねまわったために、成績は大いにあがった。しかし何分にも、柱一本の長さ百尺というような大木であるから、これを伐り出す困難は非常なものであった。一本ごとにロクロ二張りを立て、柱の本末に二筋の大綱をつけて引き出した。綱は直径六寸（十八センチ）長さ五十丈（百五十一・五メートル）あり、ロクロを押すのに、七十人の人夫を要した。

ロクロのないときは、綱を引くのに千人余の人がかかった。またこれを引き出す道路を作るのが大変で、あるときは数十丈の谷を埋めて嶮岨《けんそ》を平らにし、あるときは巨大な石を砕いて山路を開き、密林を伐り、いばらを除き、大橋を構え、谷を渡し、厳寒に耐え、炎暑を凌いで、人力の限りをつくし、難事業を遂行したのである。

ところがこのようにして集めた木材も、良材ばかりでなく、中が空洞になっていたり、いろいろの損傷があったりして、実際に使用できるものはそれほど多くなかった。伐り出した木材は、川を下して海に出したのであるが、これがまた大変な事業であった。佐波川の下流七里（二十八キロ）の間は、水が浅くて木材を流すことができないので、河をせきとめて水をたたえダムをつくって順次下流に流し、七里の間に河堰を百八十個所もつくった。また杣中道をつくること八里余（三十二キロ）に及んでいる。これがため人夫たちは手足ただれ、身力悉《ことごと》く費えつくしたと書かれている。

このようにして瀬戸内海に運び出した木材は、船に積んで大阪湾に運び、淀川に入って木津川をさかのぼり、木津に集めて、山を越え奈良に運ばれたのである。そのときの筏は、重源上人の創意による特殊な筏であったが、綱とする葛藤《つづらふじ》の類が周防国だけでは足りず、他国にまで求めた。筏が木津に着いたときも、川が浅いのでいろいろの手段を考え、材の前後に船を二艘《そう》ずつ結びつけて、木を浮かせるという巧妙な方法を用いた。木津から東大寺までの陸路の輸送は、大力車に百二十頭の牛がつき、さらに諸官、諸院、有縁の人たちが大勢で綱を引いた。法皇はじめ女御までこれに参加した。それは綱を執ることによって、毘盧遮那仏に結縁することができると信じられていたからである。

このような鎌倉時代の人たちの異常な努力によって、焼失から十五年後の建久六年（一一九五）に、東大寺はほぼむかしの偉容を偲びうるまでに復興した。まことに絶大な努力の結晶だったのである。

なおここで蛇足ではあるが、歌舞伎で有名な勧進帳《かんじんちょう》について触れておこう。勧進とは寄附の意味で、東大寺再建のために交付された官許の寄附の趣意書が勧進帳である。奥州に逃げ行く義経の一行は、これを持っているかのように見せて、安宅《あたか》の関を通過することができたのである。それを劇にしたものが勧進帳である。

さて前述のように、絶大な努力によって再建されたこの建物と大仏も、永禄十年（一五六七）松永久秀の乱で、ふたたび灰燼に帰することになる。その事情については紙数の都合上ここでは省略する。

その後間もなく大仏だけは、山田道安によって補鋳された。そして長く露座のままとなっていたのであるが、さらに百余年をへて、元禄五年（一六九二）になってようやく三回目の現在の建物ができ上がることとなった。

現在の大仏殿

元禄の復興のときには、さきにも述べたように、当初の規模を縮少して建物を小さくした。その比率は、面積からいえば六割強にあたる。このように計画を縮少したけれども、もはや山林はすでに伐採されていて、むかしのような長大な材を求めることはできなかった。やむをえず、柱は長さを継ぎ、また直径も何本もの材を寄せ集めて太くするという方法によって、ようやくその目的を達することができた。木材の欠乏が合成材の手法を生んだのである。

この合成柱は、真柱の周囲に榑のクレ材のような挧木《はねぎ》を重ねて寄せ合わせ、鉄と銅輪で締めつけるという手法によって解決したのである。その事情をもう少し詳しく理解するために、江崎氏の計算した数字を引用しよう。柱の総数六十本をつくるために、これに用いた真木は百四十六本で、挧木の総数は三千二百本にも及んでいる。このようにして大材の不足を補ったのであるが、なお同一の樹種を揃えることができず、各地から集めたいろいろな材が混用される状態であった。

こうして柱のことは解決したが、建物に必要な二本の虹梁《こうりょう》だけは、どうしても通しで一本の材を用いなければならない。そこでこれを捜すのに大変な苦労をした。この材は九州の霧島山でアカマツの大木を発見し、東大寺に運ばれたものである。

この二本の大材を、海岸まで約十五里（六十キロ）の距離を運ぶのに要した人数は十万人、牛四千頭と記されているから、いかに苦労したかが想像できる。次に海岸に運び出した材木は、特別につくられた千石船に積んで、大阪湾に運び、淀川から木津川をさかのぼり、木津から奈良に運ばれたのである。その間、伐採されてから到着まで約一年の歳月をへている。このように数多くの苦労をへて、ともかく、元禄の三回目の建物はでき上がった。わたしたちが今日仰ぎ見る大仏殿はこれである。

鎌倉時代に再建され二次の兵火を免れて、今日に伝わるものの一つに南大門がある。これは東大寺の正門で、二十数本の太い柱が使われており、天竺様式と呼ばれる建物である。先年ある機会に、林野庁の方々が見学された。そのとき、かりにこの門が焼失したら、再建は可能であろうかという話が出た。その結論は、林野庁長官の命令で、全国有林が動員されたとしても柱材を集めるのがやっとであろうということであった。鎌倉再建のこの門は、たしかに大きく立派なものであるが、それは一つの門にすぎない。その門に使用されている柱材ですら、今日ではもはや、辛うじて集めることができる程度であるという。この事実

東大寺南大門

によっても、いかに木材が欠乏してしまったかということが、理解できるであろう。

鎌倉幕府と木材

鎌倉幕府がおかれてからのちは、政治の中心は関東に移った。そこでさらに新しく木材資源が伐り出されることになった。鎌倉の街の造営の用材は、主として伊豆から伐り出されたようである。それが船で由比ケ浜に運ばれたので、後世その一部に材木座が設けられた。現在地名として残っているのはそれである。伊豆はその後、鎌倉以外の地からも木材を求められるようになり、伐採が続いた。久能寺《くのうじ》の建立もまたその一例である。このような事情にあったから、天城《あまぎ》山や、狩野《かの》川流域の森林が急激に荒廃していったことは想像に難くない。先年の台風で、伊豆地方が莫大な被害を受けたことは、わたしたちの記憶に新しいが、その原因の一つが近世の乱伐の結果によるものであることはいうまでもない。

なお天正年間には「国家安康」で有名な京都方広寺の大仏殿が造営されたが、このときにも東大寺と同様の苦労があった。方広寺の用材の一部分は木曾から川で伊勢湾に出し、海を回って京都に運んだ。しかし棟木にはやはり困って、ついに富士山中で捜しあて富士川を下って海に出したという。京都ではこのとき賀茂川を改修して、新しく運河が設けられたことが記録に残されている。

江戸城がはじめてつくられるとき、その用材の一部は天竜川流域と富士川流域から運ばれた。これに続いて紀伊、飛騨、信濃などでも、順次奥山が伐採されていくことになったのである。

江戸城の用材

さて次は江戸城を例にして、一つの建物に木材がいかに大量に使われたかということを考えてみたい。

江戸城の始まりは古代末期の千百年代前半にさかのぼる。江戸四郎重継が、いま皇居東御苑と呼んでいる旧江戸城本丸台地あたりに、居館を建てたときとされている。この豪族の館は、室町時代に太田道灌《どうかん》の手で中世城廓の江戸城へと模様がえされた。戦国時代に入って、この城主は太田から扇谷《おうぎがやつ》上杉、小田原北条へ、そして織豊時代に徳川へと入れかわった。

徳川幕府の開祖家康の入城は天正十八年（一五九〇）である。このときから江戸城を幕政の本拠とするため、秀忠、家光まで三代四十余年にわたり、城内の増改築と城外の整備が行なわれた。工事は寛永十三年（一六三六）に一応完成し、日本最大の近世城廓として、五層の天守閣を中心に、本丸の各殿舎が整ったのである。

徳川幕府が倒れたのちの江戸城は、明治元年（一八六八）に「東京城」、翌年に「皇城」さらに二十一年（一八八八）には「宮城」と改称された。

江戸城に最後まで残った殿舎は、西丸仮御殿だけであった。これは文久三年（一八六三）の炎上後の翌年、応急的に再建されたものである。ここに明治元年に皇居が移る。同六年その西丸仮御殿も焼失し、江戸城の命脈は幕府政権倒壊のあとを追ったのである。

徳川将軍以後の江戸城は、内部だけで広さ三十万坪（九十九万平方メートル）余、大阪城ならその外廓までをすっぽり呑み込んでしまうほどの巨大さであった。

江戸城内廓のおもな建物は、延べ面積で天守閣四百七十坪（千五百五十一平方メートル）、本丸御殿一万千三百七十坪（三万七千五百二十一平方メートル）、西丸御殿六千五百七十坪（二万千六百八十一平方メートル）である。

本丸御殿内部は、幕府政府の「表向」、将軍公邸の「中奥向」、将軍私邸の「大奥」からなっていた。西丸御殿は前将軍の大御所、あるいは現将軍の世嗣が住むところで、内部構造は本丸御殿とほぼおなじである。

幕府軍事政権の本拠であり、将軍の居館でもあった江戸城は、それにふさわしい威容と堅塁を誇っていたが、そのまわりには、大名邸宅や急速に発展した町並みが密集していたため、城内が火元でなくとも、城外の火災で類焼の難に遭うこともしばしばであった。

まず日本一の天守閣は明暦三年（一六五七）の振袖火事で類焼し、再建されずに終わった。広大な本丸御殿は慶長の完成後から五度焼失、その間に改造と再建が計六度もあったが、文久三年（一八六三）の焼失を最後に姿を消した。西丸御殿は太平洋戦争の空襲で命運を絶たれるまでに六度焼失、改築と再建が八度も行なわれた。

創建時の東大寺大仏殿にくらべると、江戸城の本丸御殿は八・三倍、西丸御殿でも四・八倍の大きさである。

こういう巨大な建物が江戸時代に限ってみても、振袖火事後の本丸御殿再建に二年七カ月をかけたほかは、いずれも火災焼失後から一年前後で再建されている。これだけからみると、復興再建は幕府の権力で、たやすくできたように思われるが、内情はそうではなかった。

徳川時代に、焼失面積十五町（十四・九ヘクタール、ほぼ日比谷公園の広さ）以上の「江戸の大火」は八十数回もあったという。火事は「江戸の華」というのは江戸ッ子の強がりで、実は大火のたびに、木材の値段が急騰し物心両面で、士農工商を問わず、苦しみは大変なものだったらしい。

大火のたびに飛んで来る火の粉で、江戸城もはらはらしどおしであった。明暦三年（一六五七）の振袖火事で、江戸城の天守閣と本丸御殿が失われたときのことである。この再建をめぐり、幕府は財政難と木材不足、それに加えて社会不安の高まりに苦慮した。そのため、保科正之《ほしなまさゆき》の提案を入れて、天守閣再建を断念、本丸御殿再建はしばらく延期した。諸大名屋敷復興には、きらびやかな桃山様式はまかりならぬという方針で臨み、庶民感情の暴発にこまかい予防線を張ったほどである。

さて江戸城の用材について述べよう。江戸城の本丸御殿と西丸御殿の増改築、再建について、どこからどういう材を、どれだけ運んだかの全容をつかむことはむずかしい。

徳川林政史研究所長の所三男《ところみつお》氏は「江戸城西丸の再建と用材」（同研究所、昭和四十八年度研究紀要）という研究論文で、天保九年（一八三八）に焼失した西丸御殿の再建用材について、考証を試みておられるので、それを引用させていただく。

所氏によると、用材献上の筆頭は尾張藩である。同藩は少なくとも、尺〆にして五万本以上のヒノキを献上した。紀州藩は大材三百五十本とあるが数量は不明。水戸藩はマツ板一万枚、この中には長さ五間、末一尺五寸くらいのもの二百五十本、長さ十間、元口三、四尺のもの三本が含まれているから、相当の大材のみと考えてよかろう。

南部藩は長さ三間半—六間、一—一・五尺角のヒノキ材一万本（この内訳、四方無節千本、三方無節三千三百本、二方無節・節物五千七百本）を献上。このほか、幕領の飛驒山からも推定で五万本以上を運んで来ている。そのほか幕府の手持材や江戸市中からの買付材も少なくなかったということである。

『甲辰雑記』の記載などからみると、西丸御殿再建の建坪は総数六千五百七十四坪あまり、使用材は本木尺〆八万二千六百九十余本、板類尺〆四十五万七千五百九十枚という。板類十枚を本木の尺〆一本とみて四万五千七百五十九本になるから、本木にした総材積は尺〆にして十二万八千四百九十余本になる。これは製材した材積であるから、その前の素材（丸太）に換算するとおよそ二十五万尺〆になるだろうと推定しておられる。

しかもこの中には、大御所家斉の「御座の間」に使われた長さ十六―十八尺、六・八―七・六寸角のヒノキの柱四十六本があり、さらに「芯去り無節・四方柾」といった無類の上物がかなり含まれていたという。このようにみて来ると、量的にも質的にも、この建物に使用した木材は莫大であったことがわかる。

本丸御殿は西丸御殿の倍近い広さで、増改築と再建は六回もあったというし、また西丸御殿はそれが八回に及んだということである。したがって江戸城だけに限っても、そこに使われた木材の総量は想像を超えるものであったことがわかるのである。

第七章 ヒノキ考

日本のヒノキ

日本列島は、世界の陸地の三百六十分の一という小さな面積でありながら、南北に細長く配置していて、亜寒帯から温帯、暖帯、亜熱帯にまでわたる広汎な気候区域を含んでいる。こういう例は世界でも少ない。だから生えている木も種類が多いのである。日本の木の種類はおよそ三百種くらいであるが、南方ではその十倍もあるという。一般に植物は北のほうでは種類が少ないが、一つの種類に属するものの量が多い。南のほうになると種類は多くなるけれども、一つの種類の量は少なくなる傾向がある。これは動物についてもいえることである。

さて日本に生えている木のうちで、一般に使われているものは、五、六十種類であるが、その中で特によく使われる木は、十種類くらいしかない。その代表がヒノキとスギであることは、周

木曾ヒノキの天然のたたずまい（八木下弘氏）

知のとおりである。以下はヒノキの現状について説明する。

ヒノキが天然に分布している地域はかなり広く、北は福島県から南は屋久島にまでわたっている。また垂直的な分布についていえば、標高二百―千七百メートルの範囲で、中でも千メートル前後の温暖帯に、もっとも良質のヒノキ林が形成されている。なお地方別でいえば、中部地方、近畿地方、四国地方などがあげられるが、その中で一段と有名なのが木曾地方である。ヒノキは有用な材であったために、人工植栽によってこれを育てようというこころみは、古くからあったようで、すでに十一世紀に高野山でヒノキの苗を育てた記録があるという。しかし実際に、ヒノキの造林が広く行なわれ始めたのは、藩政時代に入ってからのことで、高知や木曾などにその例を見ることができる。なおそのほか、ヒノキの天然分布の北限を越えた地方である弘前藩、南部藩、仙台藩、庄内藩などでも、植林によってこれを育てようと努めたのである。ヒノキは生長が遅いので、原始の天然林はいまではほとんど伐りつくされてしまった。現在残されているものの多くは、先人たちが大木を抜き伐りしながら、その下に若木を育てて来た林である。それは血のにじむような努力の結晶といってもよいものであろう。

さてヒノキの立地であるが、ふつうにはスギは谷の沢沿いが適し、アカマツは山の尾根筋がよく、ヒノキはその中間の地帯が適するといわれている。こうした立地と関係を持つのかも知れないが、立木のときの水分は少ない。含水率についていうと、ヒノキはスギの半分くらいである。また強さについていうと、アカマツ、ヒノキ、スギの順序になっているから、これも立地と関係がありそうである。

もう一つヒノキの特長でつけ加えたいことは、幹の中において占める心材の割合が大きいということである。六十年以上のものになると、心材の割合は八十パーセントで、辺材の割合は二十パーセントしかない。辺材の部分は腐りやすいが、心材の部分には独特の芳香を持つ成分が含まれていて腐りにくい。むかしからヒノキが建築に使われ、長い風雪に耐えて来たのは、伐採した丸太の周囲の僅かな辺材部分を取り除けば、大きな心材部分が得られるという利点があったことも、大きく貢献している。

ヒノキの材質が秀れていることについては、これまでに述べたとおりであるが、そうした利点を持つ良材であったため、重宝がられて使われているうちに、資源は次第に少なくなっていった。そしてさしもの豊富さを誇った木曾の山にも、寛文五年（一六六五）にお留山の制度がしかれることになったのである。俗にいう「木一本に首一つ」という罰則は、その厳重さを物語るものであった。留山というのは、ヒノキ、サワラ、コウヤマキ、アスヒ、ネズコの、いわゆる木曾五木についての伐採禁止の制度であるが、これはヒノキが混同して伐り倒されることを防ぐために、五木全体を禁止したのだといわれている。ヒノキを留木にした藩は尾州藩だけではなく、そのほかにも十八藩に及んでいる。いかにヒノキが重要材として取り扱われたかがわかる。

現在ヒノキの立木としての蓄積量は、全国で約一億五千万立方メートルである。これは全針葉樹の約十五パーセントにあたるものであるが、その内訳は中径木がほとんどを占め、大径木は十パーセントにもみたない。そして現在のままの伐採量を続けて行けば、数十年を経ずしてヒノキは伐りつくされてしまう運命にあるとのことである。ただ一つの救いは、全国的に行なわれている人工造林であるが、これも量の補充にはなっても、老大木は望み難い。ヒノキは質量ともに絶対的な不足へと進んでいるのである。以下代表的な産地ごとに、ヒノキについて概要を述べる。

木曾ヒノキは古くから全国的に有名であった。かつては徳川幕府の直轄林として保護され、明治以降は皇室の御料林として帝室林野局が管理し、戦後は国有林に編入されて、現在長野営林局の所管になっている。総面積四万ヘクタール、総蓄積五百万立方メートルで、日本最大の天然のヒノキ林である。

ここのヒノキの大部分は、樹齢百五十―二百五十年である。ただし伊勢神宮用材などのために設けられた現代のお留山には、二百―五百年のものもある。最老齢のヒノキは七百年くらいで、胸高直径百二十センチに及ぶが、老齢になると生長はぐんと遅くなる。

木曾ヒノキの特長は次のようである。

(1) 色沢が淡白で、水拭きを続けると、いつまでも白さを保つ。

(2) 材質緻密、木理は通直で狂いが少ない。

(3) 均質で、ちがった丸太から挽いた板でも、同一の丸太から挽いたもののように、よくそろう。

(4) 加工容易、柔軟であてが少なく、曲げものにも適する。

欠点は、

(1) 脂分が少なく、艶に欠けるうらみがある。

(2) やや柔らかすぎる。そのため縁甲板や沓《くつ》ぬぎ板には適さない。

国産材では天然ヒノキを必要とする場合、木曾ヒノキ以外はほとんど手に入らない。

高知県長岡郡本山町七戸の奥白髪山《おくしらがやま》には、日本一のヒノキの天然林がある。この山林は本山営林署所管の保護林で、林野庁の許可を得なければ一本も伐ることはできない。総面積二百九十へクタール、総蓄積二万八千立方メートルである。樹齢は約八百年といわれ、胸高直径約六十センチ、一番下の枝までの高さ六―八メートルのヒノキが、全山に水苔が絨緞を敷きつめたように密生した上に立っている。ところどころにヒメコマツと、枇杷《びわ》のように大きなシャクナゲが混じっている以外はなにも生えていない。荘厳なまでに美しい山林である。

奥白髪山は西北斜面と南斜面とから成り立っているが、この保護林は西北斜面にあたる。反対側の南斜面にも二百七十ヘクタールの山林があって、おなじ年齢のヒノキが生えているが、こちらは太平洋からの強風を受けるので、木の高さは半分くらいしかない。しかも下枝の数本を残してそれより上部は白骨化している。

奥白髪では風倒木などがあった場合に限り払下げがある。払下げられたヒノキは全部小幅のリボン状に削り、染色してビーチハットに編み、アメリカに輸出されてしまう。そのため一般には、奥白髪の名は知られていないが、おそらく世界最高の材質を持つヒノキといってよいであろう。ここには二十ヘクタールの母樹林があり、優良樹の伝承がはかられている。

高野山金剛峯寺は、千九百三十六ヘクタールの山林を持ち、活潑な営林事業を行なっている。ここの天然ヒノキ林は、面積百三十一ヘクタール、蓄積は三万七千百八十六立方メートルである。樹齢は平均三百年で最高八百年、胸高直径は平均一メートルで、最大二・五メートル、大きさにおいては日本一である。寺ではヒノキの伐採を禁止してもっぱら保護につとめている。数十年に一回、老朽木だけを抜き伐りして、そのあとに若木の補植を行なう。その年にあたると三百―五百立方メートルのヒノキ材が市場に出回る。

高野山のヒノキは脂分が多く強度も強い。木曾ヒノキのように淡白ではないから、住宅の雑作材には向かないが、劇場の舞台のような用途に対しては、絶品といってよい材質を持っている。

ヒノキの造林地として名が知られているのは、熊本、高知、愛媛、奈良、三重、岐阜、愛知の各県であるが、中でも有名なのは吉野ヒノキ（奈良）と、尾鷲《おわせ》ヒノキ（三重）である。トラック輸送が普及する以前は、木材の搬出は河川を利用する流送が多かった。流送のときスギはよく浮くので流しやすいが、ヒノキは重くて流送しにくい。そのため川に沿った造林地ではスギが本命であった。しかし地味の関係で、ヒノキを有利とする造林地が十五パーセント程度はあるので、どこでも併植が行なわれていたのである。

吉野川流域のものだけでなく、黒滝川、宇陀川流域のものも含めて吉野ヒノキと呼んでいる。これらのヒノキ造林地の合計は五万六千ヘクタール、蓄積は六百十一万八千立方メートル（昭和五十二年〔一九七七〕）で、全国最大級のものである。この地区では早くから枝打ちを行ない、節を包み込ませるように入念に手入れして、四、五十年で伐採する。このとき十・五センチ角、長さ三メートルで、四面に節の出ないことを目標にしている。徹底的に高級な柱材の生産を目指した造林経営である。

吉野ヒノキの特長は次のようである。

(1) 心材部は赤味を帯びて美しく、辺材部はあくまでも白い。いずれもつややかな光沢を持っている。

(2) 欠点を持った木は間伐のときに取り除いてしまうので、木すじのよいものがそろっている。尾鷲市、長島町、海山町《みやまちょう》地区から産出されるヒノキを尾鷲ヒノキと呼んでいる。これらの地方は山が急峻なうえに地味が悪いので、スギよりもヒノキの植林に適している。造林面積は一万九千二百六十ヘクタールで、その九十四パーセントがヒノキの造林である。蓄積は百九十四万四千五百立方メートル（昭和五十二年）である。一ヘクタールあたり八千本の密植を行なう。山が急峻でむかしは流送していたが、最近では、集材架線と自動車によって輸送している。ここでは、木を伐採したままの形で土場《どば》まで運び、造材するという特異な方法をとっている。

尾鷲ヒノキの特長は、瘠地《せきち》で密植するため年輪の密な丸太になり、丈夫で艶がよいことである。樹冠をつけたまま搬出するので、長い柱がとれ、消費市場で独特の評価を与えている。

台湾のヒノキ

台湾のヒノキ林は、中央山脈の北回帰線の北側にしか分布していない。南限は阿里山、北限は太平山付近で、距離的には約百五十キロの範囲内に含まれる。南部は標高二千—二千七百メートル、北部は千八百—二千五百メートルの高さのところに自生している。樹齢は千年ないし三千年である。これが明治末期以来、阿里山ヒノキ、太平山ヒノキとして、日本に知られていた名木である。これらの森林は、日本アルプス並みの山岳地帯にあって林道がなく、戦前に陸軍工兵隊が敷設した嘉義―阿里山間と、羅東―太平山間の森林鉄道に沿う地帯以外は、木を取り出すことができなかった。

約二十年前に民間企業により、日月潭の麓から北丹大山に向け、百十七キロのトラック道路が開発され、それまで一度も斧鉞《ふえつ》の入らなかった六万三千ヘクタールの処女林が、はじめて伐り出されることになったのである。この林区は当初、年間十万立方メートルも払下げられていたが、次第に払下げ量が減って、現在は三万立方メートルに制限されている。この程度の伐採量なら、今後百五十年間は伐り続けることのできる蓄積量があるという。昭和四十六年（一九七一）から四十七年末にか

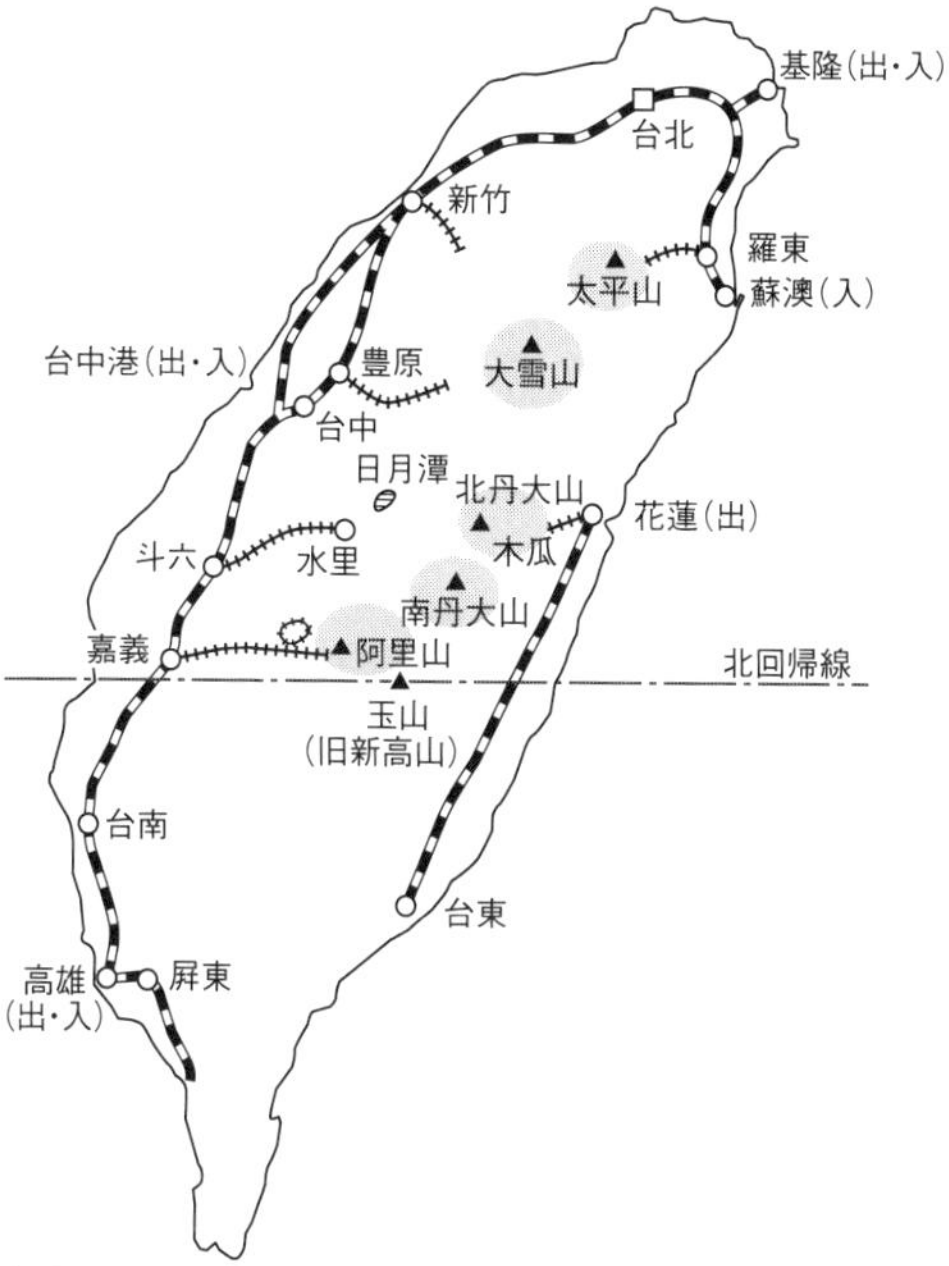

台湾ヒノキの主要生育地
港のカッコ内は輸出／輸入を示す

けて、たまたまこの林区内で最良の木の生えている第八林班が、伐採計画の中に組み入れられた。そのお蔭で、薬師寺金堂、天理教高安《たかやす》大教会、明治神宮一の鳥居などの長大材が運よく入手できたのである。

この山塊の南側に、南丹大山林区がある。遠望したところ巨大なヒノキの生育していることがわかる。しかしこの山にはまだ道路がないので、約五万ヘクタールの処女林が原始のままで眠っているわけである。

現在花蓮と台中を結ぶ台湾全体の横貫道路が完成し、これに伴っていくつかの木材搬出路が開発されつつある。しかし数年前から、集中豪雨のたびに河川が氾濫し、その原因が過度の木材伐採にあると見なされるようになり、政府は国有林の伐採を大幅に制限することになった。台湾における木材の伐採量は、一九七〇年度には三百八十万立方メートルであったが、一九七七年度には百三十万立方メートルに減少している。それは最近、台湾が経済的に著しく発展して余裕ができて来たので、かけがえのない天然資源を保存しようという動きが出て来たためである。そこで一九七七年を境にして、台湾は木材の輸出国から輸入国に変身することになった。したがって今後わが国への木材の輸入量は、減少するものと思われる。当然のことながら古社寺建築用のヒノキ材は、質量ともに、さらにまた価格の面においても、年を追って次第に入手困難になって行くであろう。

台湾のヒノキは日本のヒノキとくらべて、材質の機械的な性能では劣ることはないが、外観上からいうと、年輪がこまかいうえに秋材部が目立たないため、ややぼけて見え、色調も黄色がかっているので見映えがしないという不利な点がある。現在のところ台湾ヒノキの特長は、長大材が大量に入手できることと、価格が日本のヒノキにくらべて格安であることとの二つにしぼることができる。前述したように、天然ヒノキで現在市場に出回っているのは木曾ヒノキばかりであるが、これには長大材が少ない。国有林にはいろいろな制約があって、十五トンを超す長材は搬出できない事情がある。ところが台湾は、民間企業が相手なので、そうした制約がない。また従来のヒノキの価格は、美観を主にしてつけられているために、台湾ヒノキは秀れた材質にくらべて割安である。そうした理由のため、昭和四十年（一九六五）後半以降、神社仏閣の新築や改修に、台湾ヒノキが大量に使われて来たのである。それらのおもなものをあげると、奈良法輪寺三重塔、天理教高安大教会の神殿、薬師寺金堂、薬師寺西塔、東大寺大仏殿、京都平安神宮、北海道神宮などがある。その中の一、二のものについて述べる。

薬師寺金堂の用材　薬師寺の金堂再建が発願されたのは、昭和四十三年（一九六八）のことであった。はじめは今世紀の最後になるであろう最大の伽藍を建てるのだから、日本のヒノキを使う計画が立てられたのであるが、調査の結果、資材の調達に少なくとも五年の歳月を要すること、また長大材は、国有林からでは搬出が不可能であることが判明した。そのため台湾ヒノキを使うことに変更されたのである。

資材の調達は、たまたま前記の北丹大山第八林班が伐採区域に組み入れられることになったた

薬師寺金堂の用材の搬出

め、順調に進んだ。金堂初重の独立丸柱は、樹心を含まずかつ辺材を取り去った全面無節のもの二十二本が必要という、きわめてむずかしい条件のものであった。これに必要とする用材の丸太は、長さ六・五メートル、末口直径一・七五メートル以上の大材でそろえなければならないわけである。幸にしてこの林区があったために、その全部を準備することができた。

これを捜し求めたときの事情を付記しよう。それは昭和四十六年（一九七一）二月のことである。当時第八林班は伐採に着手したばかりであったから、用材の有無は、直接山に登って立木でたしかめないとわからない。そこで海抜二千六百三十四メートルの伐採事務所に登ることになった。ここは気温は零下四度、つねに濃霧でおおわれている。霧の晴れる合い間をぬって、原始林の中で巨木の有無を調べた。その結果、千五百年生のヒノキ林

明治神宮の鳥居の用材
樹齢 2450 年、切株直径 3.5 m、末口 1.65 m、長さ 22 m。北丹大山にて

の中に、三千年の風雪に耐えて、樹皮がすでに銀灰色《ぎんかい》になった大木が数十本そそり立っているのをたしかめたのである。これらの巨木の姿は、まことに神々しいものであった。そのときたまたま山中で、明治神宮の一の鳥居の用材にする丸太が伐り倒されているのに出会ったが、長さは二十二メートル、末口は一・六五メートル、切株の直径は三・五メートルに及ぶ巨大なものであった。

平安神宮の用材　焼失した平安神宮の用材のうち、白木造りの本殿と内拝殿は、木肌の色をそろえるようにという注文がついていた。もともと台湾ヒノキは淡紅色の縞が出るのがふつうである。白色の材は、日月潭の奥の北丹大山林区と、花蓮港の奥の木瓜林区に生えている二千年以上の良材の中から選んでやっと取れる程度であるから、これはきわめて困難である。しかも台湾ヒノキの伐採は、大幅に制限が加えられているので、今後こうした要求を充《み》たすことは、ますます困難になるであろうと思われる。

アメリカのヒノキ

アメリカのヒノキの正しい呼び名は、ポート・オルフォード・シダーPort Orford cedarで、ヒノキ属の別の種のものである。またローソンヒノキともいう。西海岸の各州を中心に産し、わが国への輸入量は、年間十万立方メートル程度で、他の米材にくらべてはるかに少ない。日本産のヒノキによく似ているが、材質がやや脆く、外観は赤味に欠け黄白色である。においも芳香がなく、かすかにドブくさい。はじめのころアメリカではこのにおいを嫌って、建築にあまり使わなかったので、比較的安価に入手できた。しかし日本でヒノキに似ているところから、ベイヒの名をつけ多量に輸入したため、あちらでも再評価されて材価が高騰したという歴史を持っている。現在の輸入量は前記のように少ないが、比較的高価で取り引きされている。

これまでわたしは、日本文化のもう一つの側面を、木を通してさぐって来た。それにつけても、日本人は木の好きな民族だとしみじみ思う。だが考えてみると、わたしたちがこのように木を愛する心情の根底には、植物も動物も人間も、もともとはおなじ根から出た自然の中の仮の姿であって、すべての生命は永遠の時間の中でつながっているという、仏教の輪廻の思想とかかわりがあるように、わたしは思う。

この思想は人間は自然の一部だが、建物もまた自然の一部である。さらには都市でさえも、自然の一部だという考え方に広がって行く。だから住まいは厚い壁で囲んで、自然と隔絶することがなかった。障子をあければ自然があって、ひとりでにつながっている。虫も鳥も家の中に入って来るのを拒まない。庭は借景でこと足りるし、山も森も、さらには月でさえもが、全体として一つのものだというとらえ方になった。これが日本人の住まい方の底をつらぬく思想だったのである。

ヨーロッパでは、人間は自然と対立するもので、自然を克服するところに、芸術も文化も生まれると考えた。だから建物は厚い壁で区切られていたし、都市はがんじょうな城壁で囲まれなければならなかった。仏教の輪廻の思想とは対照的なものだったのである。

木が好まれたもう一つの理由に、仏教の無常観があったことも否めないであろう。われわれの祖先は、自然も社会も常に移ろい変わって行くものと悟っていた。その法則にさからうことなく生きて行くのが、日本人の生き方であった。だから時間についての対応の仕方もちがっていたのである。

ヨーロッパでは、神の宮居《みやい》はアテネの神殿のように、永遠にその形を残すものでなければならないが、日本では伊勢神宮のように、やがて朽ちて行く木でもよかった。ヨーロッパ的な見方からすれば、二十年ごとにつくり変えられた社殿は、コピーだから価値の低いものと考えるが、日本では伝統は心の中にあるから、形が伝われば建て替えても価値は変わらないと思う。すべてのものは、人間とおなじように限りあるはかないものと知っているから、木のような朽ちて自然に還る材料に心を惹かれたのである。木は仏教の無常観に通ずるものを持っていたわけである。ここにヨーロッパの「石の文化」、「鉄の文化」に対する、日本の「木の文化」の対比をみることができる。そういう立場でみていくと、建物の材料には、木のような生物材料が一番適したものであったにちがいない。そしておなじ木でも、自然のままの白木の素肌のほうが、はるかに安らぎを覚えた。だからヒノキやスギとともに、長い生活の歴史があったのである。

木という材料を使っている間に、わたしたちはそういう考え方が身について来たのか、あるいは日本人がもともとそういう民族だったから、木を好むようになったのか、それはわたしにはわからない。だがいずれにしても、互いに影響し合いながら、独特の「木の文化」といわれるものをつくりあげて来たことだけは、たしかであろう。だからわたしは、木を除いて日本文化を語ることはできないと思うのである。

金地院八窓席：桁
妙法院大書院：小屋材（元和）
二条城米蔵：柱根継
光明寺本堂：懸魚

Ⅳ　マ　　ツ（31）

〈室町時代〉
灯明寺本堂：肘木（応永），頭貫（応永）
法華寺本堂：小屋材

〈桃山時代〉
大報恩寺本堂：束（慶長）
教王護国寺南大門：枓（慶長）
教王護国寺講堂：大梁（慶長），枓（慶長）
円満院宸殿：桔木（慶長），根太，小屋材
法華寺本堂：小屋材（慶長），大斗（慶長），母屋
金地院八窓席：桁
大報恩寺本堂：小屋材（慶長）
法隆寺五重塔：小屋材（慶長）
教王護国寺南大門：棰（慶長）

〈江戸時代〉
妙法院大書院：桔木（元和），貫（元和），野棰（元和）
金地院八窓席：小屋材，根太（寛永）
妙心寺小方丈：桔木，棟木（明暦），小屋梁（明暦）
延暦寺根本中堂：桔木（寛永）
西本願寺黒書院：棰（明暦）
仁和寺五重塔：棰（寛永），土居桁（寛永）
観修寺書院：小屋材，根太

Ⅴ　ス　　ギ（6）

〈天平時代〉
極楽院本堂：野地板

〈鎌倉時代〉
光明寺本堂：枓

〈桃山時代〉
金地院八窓席：柱

〈江戸時代〉
二条城黒書院：野地板（寛永）
仁和寺五重塔：土留木（寛永）
西本願寺黒書院：柱（明暦）

Ⅵ　ツ　　ガ（4）

〈桃山時代〉
建仁寺勅使門：裏甲

〈江戸時代〉
西本願寺黒書院：小屋梁（明暦），小屋材（明暦）
観音寺本堂向拝：貫（正徳）

Ⅶ　モ　　ミ（1）

〈江戸時代〉
仁和寺五重塔：桔木（寛永）

Ⅷ　アスナロ（3）

〈桃山時代〉
二条城米蔵：柱下飼物

〈江戸時代〉
仁和寺五重塔：裏甲（寛永），野地板（寛永）

付表　建築古材資料一覧
(「第四章　木は生きている」の実験に使用した古材はこの表に示したようなものである)

Ⅰ ヒノキ(54)
〈飛鳥時代〉
法隆寺五重塔：心柱（1本目），心柱（2本目継手），棰，通肘木，四層通肘木，鼻
法輪寺三重塔：柱
〈天平時代〉
極楽院本堂：棰，内法貫，柱，床板，肘木
〈平安時代〉
平等院鳳凰堂：棰，小屋材
教王護国寺宝蔵：棰，貫
〈鎌倉時代〉
法華寺本堂：肘木，柱
大報恩寺本堂：柱（安貞）
蓮華王院本堂：梁，桁
法隆寺五重塔：棰
極楽院本堂：貫
〈室町時代〉
建仁寺勅使門：破風（末期），実肘木，裏甲（前又は中期），肘木（南北朝）
灯明寺本堂：肘木（応永），野地板
妙心寺小方丈：柱（文明）
教王護国寺宝蔵：野地板
鹿苑寺金閣：柱，床板
大報恩寺本堂：桁
〈桃山時代〉（全て慶長）
二条城米蔵：貫，大曳，床板
法隆寺五重塔：棰
教王護国寺講堂：柱
教王護国寺南大門：棰，扉框
高台寺開山堂：柱
蓮華王院本堂：貫
円満院宸殿：茅負，小屋束，裏甲
金地院八窓席：茅負
〈江戸時代〉
妙心寺小方丈：縁束（元和）
延暦寺根本中堂：大曳（寛永）
妙法院大書院：縁束（元和）
金地院八窓席：茅負（寛永）
西本願寺黒書院：襖框（明暦）
妙心寺小方丈：茅負（明暦）
建仁寺勅使門：棰

Ⅱ ケヤキ(14)
〈鎌倉時代〉
極楽院本堂：枓
〈室町時代〉
灯明寺本堂：肘木（応永）
〈桃山時代〉
二条城唐門：扉框（慶長）
高台寺開山堂：蟇座（慶長）
教王護国寺講堂：巻斗（慶長），束，枓（慶長）
教王護国寺本堂：大斗（慶長）
法華寺本堂：枓（慶長）
〈江戸時代〉
延暦寺根本中堂：柱（寛永），貫（寛永）
清水寺本堂舞台：貫（寛永）
観音寺本堂向拝：柱（正徳），貫（正徳）

Ⅲ ク リ(6)
〈桃山時代〉
円満院宸殿：小屋材（慶長）
〈江戸時代〉
妙心寺小方丈：桔木（明暦）

西岡常一（にしおか・つねかず）
1908年、奈良県斑鳩町生まれ。法隆寺の修復工事など多年にわたり宮大工として修業したのち、法輪寺三重塔の再建、薬師寺金堂および西塔復興の棟梁をつとめる。多数の木造伽藍を建て、昭和の最後の宮大工といわれた。日本建築学会賞、みどりの文化賞受賞。1992年、文化功労者。勲四等瑞宝章受章。1995年没。

小原二郎（こはら・じろう）
1916年、長野県木曾生まれ。兵役5年ののち、京都大学卒業。農学博士。千葉大学工学部建築学科教授、工学部長を経て、千葉大学名誉教授。千葉工業大学常任理事。日本建築学会賞、日本建築学会大賞、みどりの文化賞受賞。勲二等瑞宝章、藍綬褒章受章。日本インテリア学会名誉会長、日本建築学会名誉会員、日本人間工学会名誉会員。専攻は人間工学、住宅産業、木材工学。著書多数。2016年没。

NHK BOOKS 1257

法隆寺を支えた木［改版］

1978年 6月20日 第1刷発行
2019年 6月25日 改版第1刷発行
2023年10月 5日 改版第4刷発行

著　者　西岡常一　小原二郎
発行者　松本浩司
発行所　NHK出版
東京都渋谷区宇田川町10-3　郵便番号150-0042
電話 0570-009-321（問い合わせ）　0570-000-321（注文）
ホームページ　https://www.nhk-book.co.jp
装幀者　水戸部 功
印　刷　三秀舎・近代美術
製　本　三森製本所

Printed in Japan　ISBN978-4-14-091257-7 C1321

NHK BOOKS

*歴史(I)

「明治」という国家［新装版］　司馬遼太郎
「昭和」という国家　司馬遼太郎
日本文明と近代西洋―「鎖国」再考―　川勝平太
戦場の精神史―武士道という幻影―　佐伯真一
知られざる日本―山村の語る歴史世界―　白水　智
古文書はいかに歴史を描くのか―フィールドワークがつなぐ過去と未来―　白水　智
関ケ原前夜―西軍大名たちの戦い―　光成準治
天孫降臨の夢―藤原不比等のプロジェクト―　大山誠一
親鸞再考―僧にあらず、俗にあらず―　松尾剛次
山県有朋と明治国家　井上寿一
『平家物語』の再誕―創られた国民叙事詩―　大津雄一
歴史をみる眼　堀米庸三
天皇のページェント―近代日本の歴史民族誌から―　T・フジタニ
禹王と日本人―「治水神」がつなぐ東アジア―　王　敏
江戸日本の転換点―水田の激増は何をもたらしたか―　武井弘一
外務官僚たちの太平洋戦争　佐藤元英
天智朝と東アジア―唐の支配から律令国家へ―　中村修也
英語と日本軍―知られざる外国語教育史―　江利川春雄
象徴天皇制の成立―昭和天皇と宮中の「葛藤」―　茶谷誠一
維新史再考―公議・王政から集権・脱身分化へ―　三谷　博
壱人両名―江戸日本の知られざる二重身分―　尾脇秀和
戦争をいかに語り継ぐか―「映像」と「証言」から考える戦後史―　水島久光
「修養」の日本近代―自分磨きの150年をたどる―　大澤絢子
語られざる占領下日本―公職追放から「保守本流」へ―　小宮　京
「幕府」とは何か―武家政権の正当性―　東島　誠

※在庫品切れの際はご容赦下さい。